W0094683

...des derf doch net wohr sei !

Neues vom Saitenwurscht-Äquator
von
Sonja und Wilfried Albeck

Imbressum – oder was mr wissa sott...

Texte:	Wilfried Albeck
Illustrationen:	Michael Gref
Bearbeitung und Gestaltung:	Sonja Albeck
Erschienen im:	Verlag Albeck, Flein

© 2013 Verlag Albeck
Kirchgasse 14, 74223 Flein
albeck@saitenwurscht.de
www.saitenwurscht.de

ISBN 978-3-9815-9630-4

Inhalt

Seite

Inhalt

Seite

dr Brantsch

oder

je oller, je voller…

Des Gfährliche an ma Geburtsdag isch immer
öfters, dass mr von seine Gäscht schtatt ma guata
Fläschle Wei oder ma rechta Bolla Rauchfleisch heit
a ganz bsonders Präsent in Form von ma Guat-
schei gschenkt kriagt. Des isch au im Prinzip nix
Schlimms und vollkomma in Ordnung, bloß weiß mr
halt bei so ma Gschenk vorher nie, was eigentlich
drhinter schteckt. Weil, wo i zum letschta Wiega-
fescht von ma guat befreindeta Paar an Guatschei
zum Brantsch (neideitsch Brunch) gschenkt kriagt
hab (oin für vier Persona, drmit se sich selber au
ebbes Guats drmit do könnet), war mir no net
bewusst, was so a klois Zettele für Auswirkunga
haba kann.

> *„Herzliche Eiladung zum Brantsch!*
> *Mir holet euch am Sonndich um halber neine*
> *ab und wünschet jetzt scho guata Appetit!"*

Vorsichtshalber muass i an der Schtell glei saga,
dass i den Nama von meine Freind und au den von
dem Lokal, wo sich dann alles zuatraga hat, net er-
wähna mecht, net dass oim hinterher ebber ebbes
wella könnt.

Also, der besagte Sonndich isch bald komma und der herbeigesehnte Brantsch, wo's ogeblich Frühschtück und Mittagessa in oim hätt geba solla, hat schteiga könna. Guat, i hab denkt, wenn des Frühschtück dort erscht am Zehne ofängt, dass mr sich vorher drhoim a bissle schtärka und net nüchtern und sozusaga ausghungert komma dürft. Es wär erschtens blöd, wenn mr bei so ra Eiladung glei wega Unterzucker vom Schtängele falla däd und unsre Freind hent halt au net glei denka solla, dass i fressa könnt wie ein Scheunadrescher, bloß weil's nix koscht.

Mei Frau hat gmoint, sie däd uff Nummer sicher geh, sich zrückhalta und vorher höchschtens a Gläsle Schprudel drinka. Mr wüsst jo schließlich net im Voraus, was für guate Sächla oin uff so ma Brantsch erwarta dädet.

Dass des ohne Grundlag und bloß mit ma Gläsle Schprudel im Bauch a Fehler war, des hat sich glei beim Sektempfang rausgschtellt. Uff leera Maga hat se halt no nie drei Gläsla votraga. Aber sonscht war's recht luschtich!

Herz, was begehrsch! A uglaubliche Auswahl an Weckla, Brotsorta, Schinka und Wurscht, Käs, Joghurt und Quark, Gsälz und Honich, Obscht und Hefezöpf. Ach, dr Platz uff der Seita däd net langa, um des alles uffzuzähla, was oim do ufftisch worda isch. Wenn mr von allem bloß a klois Göschle hätt probiera wella, hätt's oin scho jetzt vorissa. Und i kann ehrlich saga, dass i no nie an Koschtvoächter gwä bin und hab mir so oft mein Teller gfüllt, bis mei

Frau gfrogt hat, ob se in dr Sonndichszeitung heit Morga irgendebbes von ra bevorschtehenda Hungersnot gschrieba hättet.

Doch bei so ma überragenda Schpeisaogebot überhört mr so schpitzfindiche Bemerkunga gern. Wenn mr selber grad drei volle Teller zwingt, no isch doch des bloß dr pure Neid, wenn ondre s'Doppelte schaffet. Aber wo i dann ogfanga hab, mein uffbeugta Gorgonzola mit Melonaschnitz zu schteibern, isch se dann scho leicht giftich worda und hat gmoint, alle ondre Leit dädet scho nach mir gugga.

Sie hätt wissa solla, dass i uff dem Gebiet von Haus aus beratungsresischtent bin und desweg hab i ihre guat gmointe Seitahieb an Teller Nummer sechs und sieba lässich nunderrutscha lassa. Des Aller-wichtigschte bei so ma Gelage isch nämlich des ausreichende Drinka! Es derf dr halt uff gar koin Fall dei Zäpfle klemma!

An gschätzta Liter guata Bohnakaffee und a paar Gläsla Sekt-Orange helfet bei so ra Völlerel uge-mein. Es isch jo au wirklich ebbes Schönes, wenn mr ohne Hemmunga oifach, i moin mehrfach, zua-schlaga kann.

Doch uff diese göttliche, leider net fettreduzierte und garantiert hundertbrozentiche Hausmacher-Leber-wurscht hätt i vielleicht besser doch vozichta oder net grad zwei dicke Scheiba drvo nehma solla. Hätt! In mir hat's gurgelt. Jetzt erscht, so gega halber zwölfe isch mir bewusst worda, dass so a Brantscherei einen normala Menscha leicht überfordern kann. Die Schmerza, wo i meinra Frau ihr'n Ellaboga usanft in'd Seita kriagt hab, hent aber au drzua beitraga.

Erschwerend isch drzuakomma, dass ab Zwölfe warme Schpeisa ogedroht waret. Kaum, dass des Frühschtücksbüffet endlich abbaut war, hent se scho wieder ufftischt. Ohne jegliche Rücksicht uff eventuelles Völlegefühl oder sonschtiche Beklemmunga.

Zweierlei Süppla, Kruschtabroata mit Schpätzla, Lammrücka im Schpeckmantel mit feine Böhnla, Perlhühnbrüschtla im Ratatuillegmias, kloine Roschtbrätla mit Schupfnudla, Kartoffelgratä und überbackena Bluamakohl und obadrei no a paar Sächla, wo i no net mol vom Nama her kennt hab, hent se jetzt herbeigschleift. Und i Dackel war jetzt scho kurz vor'm Blatza. In höchschter Not bin i uff meim Schtuahl rumghopft, drmit sich wenichschtens a bissle ebbes setzt. Der doppelte Kräuterschnaps, nach dem i volangt hab, war zwar im Guatschei net mit drin, aber hoch nötich!

Mei Frau hat gmoint, nachdem se beim Oblick von meim rota Meggel schier voschrocka isch, dass a bissle Bewegung vielleicht gar net des Dümmschte wär. Okay, hab i erwidert und hab mi unter wortwörtlich vollschtem Körpereisatz ans Büffet gschleppt. (Sie hat jo au net genau gsa, wie se sich des mit der Bewegung vorgschtellt hat.) Aber sie hat wieder mol Recht ghett. Durch diese kloine körperliche Oschtrengung hab i tatsächlich noch

zwei gmischte Teller mit Soß zwunga. I hab mi selber gfreit, dass doch no ebbes ganga isch. Schad war bloß, dass i von dene guate Noochtischvariationa net oi Löffele meh hab vosuacha könna. Voller Mitleid hab i mir drbei ohöra müassa: *„Ha was isch denn heit mit dir los? Schmeckt dir's am End net? Du bisch doch sonscht so'n Süaßer!"*

Gell, es zeugt scho von großer Willenskraft, wenn mr uff Tiramisu, uff feine Bisquitsahnetörtla, uff köschtliches Muus-o-Schoklad, Apfelschtrudel mit Vanilleis samt Eierlikörsahne und noch meh so leckere Sächla vozichta kann. Ja und es gibt grad gnuag Leit, ehrlich, die kennet nix und schlaget zua wie wenn's dr ganz Dag no nix geba hätt. Die halb Welt hungert und manche moinet, sie müasstet's übertreiba. Umeglich so ebbes!

Im Lauf der nägschta Schtund, in der um mi rum alle weitergschlemmt hent, hab i feschtschtella müassa, dass dieses neideitsche Brantsch nix für mi isch. Irgendebbes muass zwischadrin drbei gwä sei, wo i net recht votraga hab. Zum guata Glück war am halber zwei endlich alles vorbei. Viel länger hätt i au nimme durchghalta.

Dr Rescht vom Dag bin i dann drhoim uff'm Sofa glega wie'n klopfta Has. Mei Frau hat in oi Loch nei bruddelt, hat gschumpfa, dass mr mit mir nirgends nogeh könnt, dass i se vor unsre Freind wieder mol blamiert hätt und sie sich überlega däd, ob se mi, wenn se könnt, heit nomol heirata däd. Doch des hätt se sich eba vorher überlega solla. Trotzdem hat se mir als treusorgende Frau jetzt oin kalta Um-

schlag nach'm ondra bracht und mir, drmit wenich-
schtens zur Förderung der Eisicht no a klois bissle
Bluat ins Hirn kommt, sogar a dickes Kisse unter
d'Füaß gschoba. Erscht jetzt hat se mir eröffnet,
dass sich die Bedienunga mit Blick uff mi drüber
unterhalta hättet, dass bei so ma Brantsch halt im-
mer ein Dackel mit drbei wär, wo über'd Schträng
schlaga däd.

Guat, was hätt i jetzt au macha solla. I hab alle
Quala schtumm und leidend über mi ergeh lassa
und ewich lang druff warta müassa, bis endlich des
erlösende Kopperle komma isch.

Doch ois hab i bei der Brantscherei glernt: Ab sofort
hab i dr gröschte Reschpekt vor alle Leit, wo so a
Herausforderung ohne bleibende Schäda über-
schtehet!

* * *

So sieht's aus!
(Wunschtraum)

Mei Frau isch
vielleicht gscheiter, vielleicht schöner,
schlanker, schportlicher, voträglicher,
beliebter, intressierter, kultivierter –

ja vielleicht, des kann scho sei,
aber's Konto läuft uff mi…

frühe Übung

Scho in dr Wiege schtellt sich raus,
drinkt mr sei Schoppafläschle aus,
sind alle zfrieda, jeder lacht:
„Dem Kindle schmeckt's, des isch a Pracht!"

Was so beginnt im Menschaleba
geht oftmols schpäter leicht drneba.
Mr schluckt wie früher viel zu viel
und kennt oft weder Maß noch Ziel.

Gröschte Äbirn, grillta Hals,
Schinkanudel, Griabaschmalz,
drzua Pralina dutzendweis
und no drei Böbbel gmischtes Eis.
A jeder schtaunt, a jeder lacht:
„Dem Büable schmeckt's, des isch a Pracht!"

Mol ebbes Sauers, ebbes Süaß,
wenn's sei muass au Salat und Gmias,
an grauchta Schpeck, a fette Wurscht,
was Gscheits natürlich für dr Durscht.
A jeder schmunzelt, jeder lacht:
„Dem Kerle schmeckt's, des isch a Pracht!"

Und es gibt tausend guate Sacha,
die so ma Gauma Freide macha.
A jeder grinst, a jeder lacht:
„Dem Mo, dem schmeckt's, des isch a Pracht!"
Am Ende pflichtet jeder bei:
„Dr Mensch schtirbt net vom Brot alloi."

schpinnafeind

Die Wissaschaft moint uvomessa,
mr sott halt meh Insekta essa!
Des wär des beschte Protein
und für die Gsundheit ein Gewinn.

Insekta? Ja i muass schier schpugga,
die kann i gwieß net nunderschlugga!
Mein Hals, der däd sich zammaziaga,
mit Gwalt däd i's net nunderkriaga.

Dicke Heuschreck, fette Mada,
grillte Grilla und Zikada,
Holzböck – gmischt mit Kleidermotta,
ja so'n Scheißdreck ghört verbota!

Schpinnafüaß als Gaumakitzel,
Muggabörger, Raupaschnitzel,
Engerling mit Blattlaussößle,
Ohraklemmer aus'm Dösle?

Also nehmet mir's net krumm,
denn do dreht mir's dr Maga rum.

Waldomeisa aus'm Sud
garniert mit frischer Wefzgabrut.
Tausendfüaßler – au paniert,
Wanza, gschmelzt oder frittiert,
drzua no rohe Schnokaschenkel,
die schtellet alles in dr Senkel.

Des Ziffer, saget se, däd's bringa,
hätt Vitamin und innadrinna
wär's voller Schpuraelement
und mr dürft's essa mit de Händ.

Mi lupft's und schüttelt's wie no nie,
noi – gwieß, des Gfräß isch nix für mi!

I will des Krabbelzeigs net fressa
und zweifel desweg hier schtattdessa
insektafrei mit letschter Kraft,
am Sinn und Zweck der Wissaschaft.

* * *

*„S'isch ebbes Arg's,
was i Wurscht essa muass,
bevor meine Kinder
von der Haut satt werdet."*

zum Wegschmelza

Heutzudag isch jo alles wissaschaftlich erforscht.
Sogar s'Schlecka hent se scho ausgiebich unter-
suacht – in Vollmilch-, Halbbitter-, Trauba-Nuss-
und Doppelkeks-Blindschtudia. Bei dene schpeziel-
le Schtudia hat mr de Vosuachskarnickel beide
Auga beim Fressa zuaghoba ghett und deshalb
weiß mr heit genau: S'Schlecka isch guat für die
Psyche, süaßer Bebb isch ein potenter Seelatrösch-
ter und Schoglädla sind a wahre Schtimulanz fürs
menschliche Glücksempfinda.

Doch die Forschungsgelder hättet se sich ohne wei-
tres schpara könna, denn mr wär au von ganz alloi
uff die Erkenntnis komma. Mr weiß doch selber
scho von kloi uff, wie guat mr sich mit Schoglad die
Schtimmung erhella kann. Als Kind hab i bei ma
Wehwehle neba ma Pfläschterle meischtens au no
a Tröschterle in Form von ma Schogladripple kriagt.
Und des hat gwirkt! Augablicklich waret alle
Schmerza vogessa. Und wahrscheinlich hat domols
scho so a lila Kuah ihre Finger drin ghett und mr
isch als klois Kind druff abgrichtet worda, dass ohne
Schoglad des Leba net zu bewälticha isch.

Guat, es soll Leit geba, die könnet au ohne a Weh-
wehle ugschtreift gschwind a ganzes Täfele vo-
butza, uff oin Drügger. Und dene sieht mr diese
Völlerei figurmäßich meischtens no net mol o.
Gertaschlank dank Vollmilch-Nuss! Des wär sogar
guat für die ausgepauerte Hirnzella – saget se.

S'gibt aber Mitmenscha und i glaub, des sind die meischte, die brauchet so a Ripple bloß von dr Seite ogugga und scho hockt's bei'n uff de Rippa. Voführerisch schmelzender Kummerschpeck, sahnich-zart und mit 30-brozentichem Vollschlank-Oteil. Ja, dr elende Glischta macht uns arme Glücks- und Schogladsüchtiche mit dr Zeit zu wandelnde Werbeslogän: „Quadratisch-praktisch...".

Schlecka – vornaweg, zwischanei, nebaher in sich nei, durchanonder, hinterher. Beim Schlecka sind mir net schleckich. A schleckicher Blitz guggt scho glei bei dr Supp, ob dr kloine Prophet uff'm Tisch liegt, also ob's Noochtischlöffele eideckt isch. So kann mr sich dr Hunger besser bis zum Schluss uffheba.

Leider isch die Sach mit dr Schleckerei scho immer a bissle negativ besetzt gwä. Wie oft hat oim's Schlecka net a schlecht's Gwissa gmacht? Wie oft hat mr, vor allem als Kind, net hälinga schlecka müassa?

„Muasch du scho wieder gschleckt haba?", hat mei Muadr mit mir gschumpfa, wenn i mi glei nach'm Mittagessa mit ma kurza Schwenk übers Schleck-schränkle in mei Zimmer vozoga hab. Gell, und ab und zua hat mein Baba voschtändnisvoll drzua gsa: *„Lass'n doch, den Bua, der isch halt im Wachsa!"*

Doch ganz ehrlich, gar so viel Auswahl isch in dem Schleckschränkle früher gar net drin gwä. Des war recht übersichtlich und net so wohl sortiert wie heit.

Und so hat mr sich als Kind so guat's eba ganga isch behelfa müassa und hat zwangsläufich die tollschte Sacha erfunda. Guggaweis sind Haferflocka mit Kabapulver oder Gsälz ogrüahrt worda bis an richticha Schtampf geba hat. Oder mr hat dr Mama ihr voschteckelte Blockschoglad mit Büchsamilch und Zucker in ma Häfele warm gmacht, zua ma dicka Bebb vomengt und sich uffs Brot druff gschmiert. Mr isch immer erfinderischer worda und hat die ekelhafteschte Karamelbonbola backa und drbei dr Muadr ihra Backblech total vosaut. Ja, mr war net uffzuhalta, sich immer wieder neie Glückshormone und Seelaträschterla auszudenka.

Drbei war des ganze Zeigs zwar schlecht für'd Zäh – aber guat fürs Hirn. Mit sotte süaße Erfindunga isch bei viele von uns s'erschte Mol im Leba net bloß d'Schlecksucht, sondern au d'Kreativität gweckt worda.

Und heit liegt drhoim meischt a reiche Auswahl von Schleckwar in dr Schublad und s'Hirnkäschtle bleibt leer. Heit werdet in viele Haushalt von früh bis schpät Schoglädla, gfüllte Keks, Gummiviecher und ondere Plombaziager in'd Backa gschoba, nur um des Freud- und Luschtempfinda uffzurichta. Dr Mensch isch sozusaga von Kopf bis Fuaß uffs Schlecka eigschtellt, obwohl vielleicht unser Hypophyse und dr fünfte Rettungsring scho a Weile moinet, dass längscht gnuag wär.

Unser Lebensideal isch quasi uff Schoglädla baut und solangs net zu heiß hergeht, au ziemlich schtabil. Aber wehe, s'kommt Druck in dr Kessel und mr volangt so uognehme Sacha wie Voantwortung oder a bissle Leischtung von uns. Oh, wie schnell schmilzt oim do net oft die Basis weg und mr hat dr Bebb.

Vom Schlecka kriagt mr zwar dicke Ärm, aber mit Kraft und Zähichkeit isch halt scho glei gar nix los. Vom Brot alloi kann dr Mensch zwar au net leba, wobei jo die meischte vom viela Schlecka scho gar koi Brot meh wellet, aber so isch's halt. Das Fleisch isch willich, doch dr Schoglad – äh – dr Meggel isch schwach!

Drbei, mr muass scho zuageba, mit des Schönschte im Leba isch doch, wenn mr au mol schwach werda derf und dann seine Gfühle und seim Glischta freia Lauf lassa kann. Erscht dann merkt mr doch, wie schö's uff dr Welt sei kann – und des net erscht seit heit. Ja und wie heißt's net scho genau aus dem Grund in der treffenda Volksweisheit:

> *„Wird des Leba dir zum Fluch –*
> *schlotz Ritter Schport aus Waldabuch!"*

Hilfe, mein Nachbr wohnt neba mir!

Sei Werbung schteckt im Kaschta drin,
sonndags – noch am Neine!
Sei Hecka wächst uffs Trottwar naus,
sei Katz jagt schtändich meine.

Sein Kirschbohm isch scho viel zu groß
und i hab bloß no Schatta.
Am Gartazau, do fehlt bei dem
bald jede dritte Latta.

Lüfta duad'r s'ganz Johr net,
i glaub, i däd voschticka.
Und dagsüber, do lässt'r sich
net oimol draußa blicka.

Von seine Fenschter blättert d'Farb
und s'Haus ghört längscht scho gschtricha.
Sei Klingelschild hängt bloß am Drooht
und d'Schrift isch längscht voblicha.

Wenn'd so'n Blitz als Nachbr hasch,
oh, do vogeht dr d'Freid.
Do hasch koi ruhichs Schtündle meh,
des schafft de mit dr Zeit.

Jeden Dag, do guggt der fern
bis weit nach Zwölfe num.
Womeglich scharfe Video –
oh Leit, des haut oin um!

Und alladritt, do kriagt'r Bsuach,
was für a Sauerei!
Und aus'm Suttroi schleift'r dann
bald käschtaweis dr Wei.

Und au wenn'r sich sicher fühlt,
mir geht nix nebanaus.
I seh genau, was'r so duad,
vom Bühnafenschter aus!

Ja schtändich isch'r subber druff
und schtändich hört mr'n lacha.
Jetzt sag mir ehrlich, isch denn der
im Kopf drin no ganz bacha?

Doch letschte Woch, do war's soweit,
jetzt treibt'rs voll uff'd Schpitz.
Do grüßt mi dieser Dackel gar,
recht freindlich – s'isch koi Witz.

Harmonie und Einichkeit?
Des kann der doch net bringa!
Doch durch a freche Freindlichkeit
lass i mi zua nix zwinga!

Des derf net wohr sei, koinesfalls,
denn des isch z'viel für mi.
Mein Nachbr, dieser falsche Hund,
macht mir mei Feindbild hie!

*

Und mit meim Fernglas dua i glei
wieder nach alle gugga
und nachbrschaftlich uscheniert –
jedem ins Süpple schpucka.

gut recherchiert

Keine Frage, guter Journalismus zeichnet sich vor allem durch gut recherchierte Hintergrundinformation aus. Diese Daten und Fakten sind sozusagen das Schmiermittel der modernen Kommunikation und werden zum unabdingbaren Treibstoff des menschlichen Miteinanders und Verstehens. Richtig ein- und umgesetzt lässt sich zum Beispiel so mit journalistischem Fingerspitzengefühl und Detailgenauigkeit ein Bericht über ein im Grunde banales Geschehen in eine ganz neue unglaubliche Qualität katapultieren...

* * *

Polizeibeamter verletzt

Rentner Alfred H. (76, rüstig, Mitgl. d. Volks- u. Raiffeisenbank Untertürkheim e.G.) war am Donnerstag (17.) mit seinem Schäferhund (Platz Nr. 64 Bundessiegerprüfung) in der Königsstraße (Ecke Büchsenstraße, Höhe Starbucks-Kaffee, Wochenangeb. 3 Donuts nur 2,00 €) unterwegs, als ihn zwei Jugendliche (15 u. 16, Realschule Degerloch, Wiederholer) darauf ansprachen, dass er sein Hosentörle (C & A, Breitcord, petrolfarben, Größe 56) aufstehen hätte. Alfred H. (1,73 m, seit 1971 wohnh.

Strümpfelbacher Str., Reihenmittelhausbesitzer) erboste sich darüber heftig und schlug mehrmals (7 x) mit seinem Gehstock (Sanitätshaus Glotz, Hartgummistopper) auf die beiden Schüler (Kl. 9b u.10a, beide Teilnehmer Musik-AG) ein. Weitere (27) Passanten (zus.1377 J.) mischten sich lautstark (82 dB) in die Auseinandersetzung ein und holten eine Polizeistreife (38 J. u. 46 J. Besold.Gr. A6 / A8) zu Hilfe. Hauptwachtmeister Gunther S. (1. Tenor Liederkranz Möhringen, verh. 2 Ki., Ehefrau Gerlinde, geb Hahn, schwanger) nahm daraufhin (16.50 h) wegen Erregung öffentlichen Ärgernisses (§ 183a) Alfred H. (Schnappatmung, Blutdruck hg 170/110) in Polizeigewahrsam. Der Schäferhund (34 kg, männl., zur Zucht zugel. Deckrüde) des Rentners (verwitw. seit 2007) war durch diese Vorgänge sehr gereizt und biss (§ 113) einen der Beamten (ev., ledig, 1 Ki.) ins Bein (2 x) und Hinterteil (1 x). Daraufhin wurde das aggressive Tier (Hasso von der Brunnenklinge, Schulterhöhe 62 cm, Schutzhundeprüf. 3-2007) mitsamt eben solchem Rentner (83 kg, zunehmend) mittels herbei gerufenem Polizeidienstfahrzeug (VW Passat, Diesel, 103 KW, Erstzul. 8/2011) zur Polizeiwache (Entf. 3,2 km, Fahrzeit 12 Min/16 sec) gebracht. Alfred H. (Hörgerät Standardmodell, Blutdruck hg 220/130) wurde dort in einer Arrestzelle (2. Stock, 9,5 qm, gefliest, wandhäng.Toil.) untergebracht. Der Schäferhund (ehemal. Kaufpr. 850,00 €, alle Impfungen) kam kurzzeitig (24 h) im Tierheim (Botnang, Tel. 656774) zwischen weiteren Hunden (Hubertus von der Kaiserburg, Großpudel und

Wuffel, Mischlingsrüde, kastriert, Alter unbekannt)
unter. Am nächsten Morgen (Fr. 18., 8.30 h), konnte
Alfred H. (4 Enkelki., 3 Std. Schlaf, 2 Fl. Mineral-
wasser) mit Hilfe seines Anwalts Rüdiger B. (Std.-
Satz 125,00 €) die Sachverhalte (§§ 113, 183a,185,
303 StGB) soweit klären, dass er wieder auf freien
Fuß (Rieker, Modell Anton, Schuhgr. 43) zu setzen
war.
Der verhaftete Schäferhund Hasso (irrtümlich kas-
triert, § 5 u. 6 TierSchG) konnte ebenso entlassen
werden.

* * *

Glatteis

A subber Auto,
nagelnei,
mit alle Schikana,
tieferglegt und uffgmotzt,
mit Schportsitz und Rallyeschtreifa,
von null uff hundert in null Komma nix,
affageil,
so richtich zum Ogeba,
oifach a subber Auto –

isch's gwä…

mr braucht'n halt

Jetzt bloos doch mol ins Röhrle nei!
Ja schlag mi's dunder, s'riacht nach Wei,
so vier, fünf Viertel wern's scho sei.

Wo isch dr Babbadeckel?

Die wellet jetzt a bissle Bluat –
oh, leck mi'm Arsch, des isch net guat,
so langsam kriag i scho a Wuat.

Her mit'm Babbadeckel!

Sechs Monat lang koi Auto lenka
und's teure Geld am Kadi schenka,
noi wirklich, des gibt oim zu denka.

Weg isch dr Babbadeckel!

Und jetzt no dr Idiotatescht,
des gibt mir wirklich voll dr Rescht,
in so was war i nie dr Bescht.

I will mein Babbadeckel!

Schaff i den Tescht net mit meim Meckel,
no kriag i oine uff dr Deckel
und bleib mei Leba lang ein Seckel –

und ohne Babbadeckel!

mir dämmert's

Dr letschte Sonnaschtrahl legt sich hinterm Horizont sachte ins Nescht. Eigentlich will'r no gar koi Ruah geba, denn a Weile macht'r no Fisematendela und flackert a bissle hinterm Horizont. Doch scho ziagt ebber hälinga d'Bettdecke drüber und dreht langsam s'Licht aus.

S'isch nimme hell, aber au no net richtich dunkel. S'isch grad so zwischadrin, zwielichtich zwischa Dag und Nacht. D'Schtern schpickeln scho ganz naseweis vom Himmelszelt und ringsrum kommt wieder des Gfühl hoch, die Erwartung uff des, was jetzt wohl bassiera könnt.

Jetzt isch wieder die Zeit, die bsondere Zeit zum Sinniera, zum Schpinnisiera, zum Noochdenka oder zum Vordenka. Jetzt isch Zeit für Phantasie, für Geischtesblitz und neue Gedankagäng. Jetzt isch d'Schonzeit für'd Denkvobote vorbei und dr Blick frei für neue Sichtweisa.

Herrliches Abgleita ins Umeglich-Meglliche – wunderbares Neischlupfa ins Wunderland zwischa hell und dunkel.

Oifach mol koi Licht eischalta, die bsondre Schtimmung aushalta und in sich wirka lassa. Selber Teil drvo werda, mitnehma, eisauga und sich treiba lassa. So guat's eba geht.

Dr nägschte Morga kommt bald gnuag…

Die Liebe und der Wein

Die Liebe, sie ist im Prinzip unergründlich,
sie bewirkt in uns das höchste Gefühl.
Wer sie nicht besitzt,
der vermisst sie wohl stündlich.
Oh, wie sehnen wir uns nach dem reizenden Spiel.

Die Liebe – in Treue – nur immer der eine,
der einmalig einzig Geliebte allein.
So soll es – die Liebe, sie wünscht es nachdrücklich
von Herzen, für immer und gar überglücklich
auf ewig währende Zeiten wohl sein.

*

Die Liebe zum Weine geht andere Wege,
denn diese öffnen sich vielfach und weit.
Und wer hier nicht treu bleibt und vielfältig kostet,
begibt sich nicht ständig in furchtbaren Streit.

Die Liebe zum Wein eilt mit sämtlichen Sinnen
voll Erwartung hinab in den gläsernen Schlund
der kostbaren Flaschen und lässt uns verspüren
die Kräfte, die täglich uns wieder verführen –
wir schließen mit Bacchus den freudigen Bund.

*

Die Liebe als solche blickt sanft und verständig
auf solcherlei Treiben, das sich oft beständig
zuweilen bei Liebenden findet,
als wollten sie liebend und trunken zugleich

und um sich selbst zu verschenken,
berauscht an den anderen denken.

Liebe ist blind und sie blendet zugleich,
doch lässt sie's mit Schmunzeln geschehen.
Was Menschen erfüllt und was kraftvoll besteht,
was die Köpfe auf doppelte Weise verdreht,
soll ihr feiner Hauch sanft überwehen.

Die Liebe, sie findet am Wein Wohlgefallen,
schenkt ihren ganz eigenen Charme.
Durchdringend geliebt, ja so zeigen wir allen,
der Wein und die Liebe bringen alles zum Wallen,
wer beides verschmäht, der bleibt arm.

Ein Tropfen von beidem kann Seelen verbinden
und schafft uns ein glückliches Heim.
Verschüttet kein Tröpfchen von beiden und danket
beseelt hier auf Erden zu sein.

* * *

Fünf Kern sind in ma Traubabeerle:

➢ ois zur Freude
➢ ois zur Schönheit
➢ ois zur Wahrheit
➢ ois zur Weisheit
➢ und ois zum Vogessa…

(von einem unbekannten Autor)

höchschte Zeit

*„Entschuldiget Se bitte, kann i bei Ihne a Vo-
misstaozeig uffgeba?"*

„Selbschtvoschtändlich, mir sind jo hier bei dr Bo-
lizei. An kloina Moment, i hol mir gschwind a Formu-
lar, no könnet Se loslega. Sodele, wer wird vo-
misst?"

*„Also mei Frau wär nimme do – Geiger, Elsbeth,
geborene Nägele."*

„Langsam bitte – Elsbeth mit th, geborene Nägele –
und ihr Alter?"

„Ha des bin i – Karl Geiger."

„Noi, i moin doch des Alter von Ihrer Frau!"

„Ha saget Se's halt glei – 78 im Auguscht."

„Also 77 Jahre. Und seit wann isch se überfällich?"

„Scho seit sieba Johr – ugfähr."

„Was? So lang isch des scho her? Und no wellet Se
erscht heit a Vomisstaozeig uffgeba? I glaub's jo
net! Wieso sind Se denn net scho früher komma?"

„Wisset Se, des isch mir halt net so wichtich gwä und wenn i ehrlich bin, hab i mi au scho ganz guat dro gwöhnt."

„Ja und wieso wellet Se dann heit nach ra suacha lassa?"

„Es isch halt so, dass mir nägscht Woch unser Goldene Hochzeit hättet und do wär's net schlecht, wenn se au drbei wär."

* * *

„Du Schätzle, in dr Zeitung schteht, es sei wissaschaftlich erwiesa, dass die gröschte Seggel die schönschte Fraua hättet."

„Ach, des isch aber mol liab von dir. So a schönes Kompliment hasch mr scho lang nimme gmacht."

Der versoffene Frosch

Im letschta Johr, do hat's bei uns
a böses Gwitter geba.
A Uwetter, wie no kois war,
koi Mensch hätt's könna heba.

Die Sauerei, die sott net sei,
no net amole gschenkt.
Drzua den ganza Schlamm und Gruscht,
wo's oim in Ort reischwenkt.

Um zu vohindra solchen Dreck
war'n oinich jung und alt,
im Wiesatal a Loch zu graba,
net z'kloi und meglichscht bald.

Mit voller Freid und Schaffenskraft,
mit Schpata und mit Kübel,
do hent se buddelt wie vorückt,
net schlecht – i moin net übel.

Im feuchta Wiesle nebadro,
do wohnt a kloines Fröschle
und guggt sich dieses Treiba o,
kratzt sich an Kinn und Göschle.

„Was soll des bloß? I werd net schlau,
die schauflet noch und nöcher.
Dr Mensch isch kein Amphibium –
und trotzdem gräbt'r Löcher?"

Doch dann, beim erschta Wolkabruch,
wird aus dem Loch an See.
Des Fröschle, des isch ghopft vor Freid:
„Ha des isch meh wie schö!"

Der Lurch, der lupft vor lauter Glück
drei Gläsla Schilflikör
und no an Algaschnaps drzua,
(der war von Haus aus schwer).

Mit vier Promill und aus'm Schtand
isch er ins Wasser gschprunga.
Freiwillich mit'm Kopf voraus
no n'Salto halb vozwunga.

Gschwind glotzt'r no blöd aus dr Wäsch,
mr hört koi Gschrei, koin Blubb,
dann geht'r unter in dr Brüah
wie's Flädle in dr Supp.

Oh mancher Mensch isch scho im Suff
erdrunka und vosoffa.
Au manches Viech, so lernt mr hier,
ja des isch saudumm gloffa.

Im Alkohol, so leid mir's duad,
lässt sich koin Rückhalt finda.
Mr sott desweg die Sauferei
für'd Frösch schtreng unterbinda!

wörtlich gnomma

Wie allseits scho bekannt, freit mr sich als Schwob, wenn mr irgendwo a bissle ebbes schpara kann und wenn's net bloß a bissle isch, umso besser.

Mit der Grundeischtellung bin i vor net allzu langer Zeit in Baumarkt, weil mir unserm Schwiegersohn in schpee, großzügich wie mir halt sind, a schöne schtabile Kabeltrommel zum Geburtsdag hent schenka wella.

Wochalang hab i scho druff glauert, ob net bald wieder mol des Ogebot über die fünfazwanzich Brozent uff alles, wo an Schtecker hat, komma däd. Des isch dann zwar au komma, aber leider „ohne" Schtecker. Doch was a waschechter Schwob isch, der lässt sich durch so a klois Schteckerle von nix abhalta. Zudem derf mr so a Werbung mit ohne so ma kloina Schteckerle durchaus wörtlich nehma. Wenn mr so viele Brozent schpara kann, kann mr locker au die bessre Kabeltrommel nehma und muass onnaweg net meh zahla.

In dr Elektroabteilung hab i mi au extra nochmol vogewissert, ob denn des mit dene fünfazwanzich Brozent au wirklich schtimma däd.

„Ja", hat der Vokäufer gmoint, „aber halt bloß uff die Sacha, wo koin Schtecker hent – mit Ausnahme vom Tierfuadr, obwohl des von Haus aus koin Schtecker hat."

„Okay. An Schtecker derf also uff koin Fall dro sei!"

„Genau, des geht bloß ohne!"

Jetzt war i mir sicher. Blitzschnell hab i aus meinra Jackatasch mein mitbrachta Seitaschneider rauszoga und unter de Auga von dem völlich überraschta Baumarktmitarbeiter gschwind den Schtecker von der Kabeltrommel abzwickt. Sodele, so schnell schpart mr an haufa Geld!

(Von oinra Sekund uff die onder hat sich jetzt aber aus ma freundlicha, fascht belanglosa Gschpräch zwischa Mitarbeiter und Kunde an mordsmäßicher Dischput entwickelt...)

„Sie könnet doch net oifach ebbes abzwicka!"

„Ha Sie hent doch selber zuaguggt! Des isch sogar ganz leicht ganga."

„Des kann scho sei, dass des leicht ganga isch, aber des isch bei uns net erlaubt!"

„In Ihrer Werbung schteht do aber nix drvo drin. Do heißt's bloß „ohne Schtecker" und genau des hab i gmacht!"

„Aber doch net abschneida! Des isch jo Sachbeschädigung!"

„I kann doch mit meinra Kabeltrommel macha, was i will! Oder net?"

„Die ghört Ihne erscht, wenn Se's au kaufet und so lang ghört se mir!"

„Also, guater Mo, jetzt höret Se mol zua! I will des Ding jo kaufa und i hab Sie extra vorher gfrogt, für was die fünfazwanzich Brozent gelta dädet und Sie hent gsa, uff alles ohne Schtecker – außer Tierfuadr."

„Was hat des Fuadr jetzt do drmit zum do?!"

„Also sieht jetzt mei Kabeltrommel aus wie a Dösle Schabbi?"

„Ha Sie wellet mi doch voseggla! Wisset Se was? I hol jetzt dr Filialleiter, no könnet Sie mit dem weiterschtreita!"

„I will doch gar net schtreita, i will bloß meine fünfazwanzich Brozent uff mei Kabeltrommel ohne Schtecker – und net uff Schabbi!"

(dr Filialleiter isch allerdings scho ums Eck komma)

„Was isch denn hier los? Mein Mitarbeiter hat mi grad ogruafa und mir erklärt, do däd oiner mit Fleiß s'Sach hiemacha."

„Des muass a Missvoschtändnis sei! I will bloß Ihr Werbevoschprecha eilösa und ebbes ohne

Schtecker kaufa. Gugget Se her! Gell und Ihr'n Elektromeischter hopft im Viereck rum!"

„Aha, i seh scho! Kabeltrommel – ohne Schtecker. Und den hent Sie abzwickt?"

„Ja. Wenn Sie wellet, zeig i Ihne glei nomol wie oifach des geht."

„Unterschtehet Se sich! Wenn des jeder macha däd!"

„I moin jo bloß – wega Ihrer Werbung..."

„So ebber wie Sie hent mir jetzt au no net im Haus ghett. Aber ois isch sicher, die Trommel hat koin Schtecker meh."

„Sehet Se, soweit sind mr vorhin au scho gwä."

„Aber onnaweg derf dr Kunde bei uns net oifach ebbes mutwillich hiemacha und wenn, beschteht Kaufvopflichtung!"

„Ja i will's doch kaufa! Ganz normal – bloß ohne Schtecker halt. Drhoim klemm i mir die Käbela wieder zamma, aber erscht drhoim, sonscht däd i jo nix schpara."

„I glaub, Sie wellet mi uff dr Arm nehma. Aber net mit mir! Bevor Sie mi heit meine letschte Nerva koschtet, traga Se des hieniche Glump von mir aus an'd Kass. So, do hent Se von mir an Zettel, dass

des in Ordnung geht und dann machet Se, dass Se hier nauskommet!"

„Sodele, warum net glei so?"

An dr Kass isch dann soweit alles reibungslos voloffa. Au uff mei Nochfrog, ob i denn den Schtecker von der beschädichta Trommel mitnehma dürft, hab i a positive Antwort kriagt – dr Eikauf war scho fascht perfekt.

Bei dr Reklamationsabteilung hent Se sich allerdings scho saumäßich gwundert, dass mr oim hier ohne weiteres a kaputtes Werkzeig vokaufa däd. Des wär überhaupt net im Sinn von dem Qualidädsoschpruch, den mr hier im Baumarkt hochhalta däd. Dr freindliche Servicemitarbeiter hat sich au glei für die Schlamperei entschuldicht, isch losgwetzt und hat aus dr Elektroabteilung ums Numgugga an eiwandfreia Ersatz gholt. Als Wiederguatmachung hat'r mir sogar no an kloina Eikaufsguatschei geba wella, aber i hab großzügich abglehnt. *„Wisset Se"*, hab i gsa, *„wenn Se mir a Freid macha wellet, muass sich Ihr Firma net in Ukoschta schtürza. I bin ein eigfleischter Baschtler und Hoimwerker, gebet Se mir liaber die hienich Kabeltrommel drzua – i glaub, des kriag i scho wieder no."*

länderübergreifende Regel

Hasch nix Bares in dr Tasch,
no leih dir, was du nötich hasch.

Leih dir Euro oder Rubel,
Hauptsach, du hasch koine Skrupel.

Dein Nachbr lässt sich scho net lumpa,
drum trau di halt ihn ozupumpa.

Leih dr ebbes, net zu knapp,
denn Leiha hält die Welt uff Trab.

Dr Reiche saugt die Arme aus,
und lebt uff Pump in Saus und Braus.

Dr Reichtum, der liegt vor dr Tür,
was ondre hent – des ghört au dir.

Und bisch net vorne mit drbei,
no hasch am End die Sauerei,
denn dann wirsch du rasiert und gschora
und s'Fell ziagt mr dir über d'Ohra.

Lang kräftich zua, lass ondre zahla,
dann kannsch du wie ein Könich prahla.
Des isch dr Brauch seit alters her,
wer Schulda hat – der isch au wer.

der Heimwerkerabend

Also, um hier glei mol feschtzuhalta: Was unsre Fraua könnet, des könnet mir Männer scho lang! Au mir bringet's fertich, obwohl im Grund total uschwäbisch, für unötiche Sacha s'teure Geld auszugeba.

Allerdings brauchet mir Männer net alladritt a Pärle neie Schuah oder knappe glitzriche Unterwäsch, wo net recht warm gibt. Uns langet oi bis zwei Pärla Halbschuah in schwarz oder braun – schtabil, zeitlos und guat zum Wichsa! Und au bei dr Unterwäsch wellet mir's eher klassisch und liaber a bissle länger.

Bloß uff oim Gebiet, do isch au die onder Seita von dr bessra Hälfte, also der ganz normale Mann, uersättlich und braucht immer wieder ebbes Neis. I sag bloß Werkzeig. Dieses suchtauslösende Schtichwort hat scho manche Ehefrau zur schiera Vozweiflung trieba. Dass mr zum a Schrauba in'd Wand neizwinga au a passends Arbeitsgerät braucht, dürft klar sei. Doch was um Himmels willa duad mr mit ma ganza Kischtle voller Schraubadreher, von dene die Hälft quasi no jungfräulich isch, weil se no nie nirgends so a Schräuble neidreht hent?

Doppelt und dreifach liegt alles parat, sott von doher ausreicha und jeden Mo zfriedaschtella. Doch es isch vomutlich dieser bei alle Gschlechter vorhandene innerliche Triebzuschtand, der uff dr oina

Seita d'Schuahschränk und uff dr ondra d'Werk-
schtättla füllt.

Doch neierdings wird dr Vogel abgschossa! Hent
sich seither in de Wohnzimmer nur Tubber-,
Thermomiggs- oder Dessouspartys breit gmacht,
so gibt's jetzt scho männliche Ableger dieser feier-
obendzerschtörenda, gruppadynamischa Geldbeitel-
Zwangsattacka.

Getarnt als uvofängliche Bierprobe werdet hälinga
Heimwerkerobende und Dübelpartys gfeiert, bei
dene die Weiblichkeit grundsätzlich ausgschlossa
isch. Weil, wenn's nach'm Uffwärma, also nach
Genuss von de erschte Fläschla, dann ans Vorführa
und Ausprobiera von Werkzeig und Geräte geht,
könnt mr uff gar koin Fall so ebbes wie a Hausfrau
oder a Antischmutzbeauftragte drbei braucha.

Ob zum Beischpiel ein neier Multifunktions-Akku-
schrauber an wert hat, lässt sich bloß in Erfahrung
bringa, wenn mr au vorher a paar rechte Löcher
bohrt und Dübel setzt. Natürlich reihum und mit
voschiedene Lochdurchmesser! Jede Geldausgabe
will guat überlegt sei – und wer sich nach sieba
Löcher no net sicher isch, der teschtet an de Bad-
plättla au no gschwind die Meißelfunktion. Qualität
wird in so ma Fall net zum Stich-, sondern zum
Schlagwort! Ja wer kauft denn scho gern d'Katz im
Sack?

Und wenn mr scho drbei isch kann mr au glei an
kloina praktischa Durchbruch vom Bad ins Wohn-

zimmer macha. Dann sieht mr in Zukunft au sofort, ob wieder oiner vogessa hat, nach dr Sitzung s'Licht auszumacha.

Natürlich muass mr vorsorglich d'Badwann mit'm Vorlegetebbich gega allzu grobe Breggela schütza. Doch wenn mr hinterher des Loch mit ma guata Schpeis wieder sauber voputzt, braucht mr in Folge der neua Entlüftung in Zukunft koi Zeitung meh mit uffs Klo nehma, sondern kann ab sofort im Währenda und nebaher eiwandfrei Fernseh gugga.

Mr sott allerdings innerhalb dr Wohnung so einen Schpeis net mit dr Bohrmaschina oder wenigschtens net mit höchschter Schtufe orühra. Mr glaubt jo net, was a kloines uscheinbares Fünfkilopäckle Fertichputz für Nebelwolka auslösa kann! Wenn mr des vorher gwisst hätt, wär mr natürlich uff dr Balkon ganga. Bloß nach a paar guate Fläschla war uns diese Eisicht im Prinzip scho vonebelt.

Zudem lernt jeder Mo bei so ma intensiva Körper- und Materialeisatz, dass es wichtich isch, ein hochdrehendes Schpeis- und Mörtelrührgerät nach Gebrauch und vor dem Rauslupfa aus'm Oimer wieder auszuschalta. Duad mr's net, fliagt oim dr ganze Bettel im hoha Boga in dr Wohnung rum, dass mr schier voschrecka könnt.

Ja, des isch vielleicht ein „Hallo" gwä, wo hinterher dieser reschtliche, no im Oimer vobliebene Schpeis schier nimme zum Vobutza glangt hat. Dass dr Gaschtgeber schpäteschtens ab dem Zeitpunkt, wo'd Wohnung ausgseh hat, als ob a Bömble eigschlaga hätt, gewisse Zweifel an seinra ehelicha Reschtlaufzeit kriagt hat, hätt mr sich denka könna.

Doch wenn mr so mittadrin im Schaffa isch, wenn's oim praktisch so wunderbar von dr Hand und von dr Kelle läuft, bleibt für sotte uwichtige Schpekulaziona koi Plätzle übrich. Wer sauber schaffa will braucht zudem dr Kopf frei und derf sich net mit so kloine Sacha wie frisch gmuschterte Vorhäng oder vosaute Tebbichböda belaschta. Es gilt des Schprichwort „Handwerk hat goldena Dingsbums" – und diesem Bums hat sich alles und jeder unterzuordna!

Zudem sind Heimhandwerker von Haus aus net nur wandelnde Dreck-, sondern au Schparsäula, weil se eba durch's Selbermacha mordsmäßich zur Schonung der Familiakass beitraga könnet. Jeder Haushalt kann sich glücklich schätza, wenn'r solch ein Individuum sein oiga nenna kann!

Durch solche klare Feschtschtellunga und ma weitera Fläschle frisch motiviert, hat mr sich jetzt an feinmotorisches Arbeita mittels Schtichsäg und Schranktörle waga könna. A indirekt beleuchtetes Barfächle hab i scho immer wella, bloß hat mr seinerzeit beim Kauf von dr Schrankwand uff Druck dr Gattin druff vozichta müassa. Doch jetzt war die Gelegaheit günschtich und nach weiterem kurzem Zuschpruch an einem kurzen alkoholischen Kaltgetränk die handwerkliche Hemmschwelle zudem äußerscht niedrich.

Freihändig, schwungvoll und mit aschtreinem Pendelhub war dr gewünschte Ausschnitt fascht ums Numgugga ausgführt. Wobei, ganz so aschtrein au wieder net, denn mr hätt vielleicht des Törle vorher aushänga und net oifach so drufflos säga solla. Guat, woher soll ein Mo au wissa, dass drhinter die guate weiße Tischdecka so eng neigschtopft sind, dass des hochwertiche Schtichsäga-Sägeblatt, des im Grund jo gar nix drfür kann, sich ulösbar dronei vowickeln muass.

Noi, mr hat's net oifach! In beschter Absicht will mr koschtagünschtich sei Zuhause voschönern, müht sich samt Freindesschar ab, setzt sich bis zum Äußerschta ei – und dann klemmt oim sei Qualidädswerkzeig so dermaßa fescht in dr ehemaliga Ausschteuerwäsch, dass mr's mit Gwalt aus'm schöna Schranktörle reißa muass. Erscht wenn's irgendwo klemmt zeigt sich, zu was fünf Freind und mindeschtens genauso viel Jägermeischter fähich sind. Doch leider isch des Törle mitsamt dr Schtichsäg und de Tischdecka utrennbar vobunda blieba. Ehrlich, selbscht wenn mr gwellt hätt, so viel Bier hätt mr gar net saufa könna, um des wieder wett zu macha!

Okay, mir hent guata Willa zeigt und hent's mit ma weitera Fläschle im Schteha und uff „ex" onnaweg vosuacht. Mit voeinte Kräfte isch zwar dieser voklemmte Bolla au nimme vononder ganga, aber im letschta Ruck hat oiner von uns s'Gleichgwicht volora und sich grad no an dr Deckaleuchte halta könna. Bloß isch so ein Lämple halt net so kon-

schtruiert, dass mr sich mit achtzich Kilo Heimwer-
kerkampfgwicht dro heba könnt. Dass aber au dr
Elektriker sellchsmol diese Uffhängung so erdalia-
drich hochgschraubt hat, dass se bei dr geringschta
Belaschtung mitsamt de Käbela über die ganz Zim-
merlänge aus dr Decke fährt! Des derf doch net
wohr sei!

Trotz ordentlich fortgschrittener Bierlaune hat sich
schpäteschtens jetzt Ernüchterung breit gmacht.
Dr Kaschta war reschtlos gsoffa, in dr Wohnung hat
mr niamerds meh reilassa dürfa und bis in ra halba
Schtund isch des Wiedereitreffa der Ehefrau odroht
gwä.

Wie gern hättet mir Männer doch in Anbetracht von
diesem Heimwerkerschlachtfeld liaber einen
Tubberobend gmacht, sogar gega eine Dessous-
party hätt koiner meh ebbes eizuwenda ghett. Alles
hätt mr unternomma, bloß um dem, was jetzt uff uns
zuakomma könnt, aus'm Weg zu geh.

Unter Hochdruck sind jetzt fünf erwachsene Gras-
dackel ans Butza, ans Wischa, Sauga und Uffräuma
ganga. Jeder Fleck und jedes Loch, wo mittels
„Meischter Probber" net sofort zu bezwinga war,
isch zuaghängt, mit Wandfarb übermolt oder oifach
zuadeckt worda. Und wirklich, für ein ausgeprägtes
männlich-tolerantes Sauberkeitsempfinda war's
fascht wieder wie gschleckt. Mr hätt im Prinzip vom
Boda essa könna!

Doch au uff dem Gebiet dr Sauberkeit hent mir an diesem Obend noch deutlich drzualerna müassa. Wer noch nie sei Frau mit einem Tobsuchtsofall und Nervazammabruch gleichzeitich erlebt hat, däd so einen Gfühlszuaschtand net für meglich halta. Noi, so a eischneidendes Trauma isch koim zu wünscha. Zu allem Uglück hent mir Männer leider net oi Fläschle meh ghett, an dem mir uns hent feschthalta oder Troscht suacha könna. Im Rundumschlag isch dr oigene Mo mitsamt seine Freind so dermaßa voseggelt und in Senkel gschtellt worda, dass uns alle d'Hoor in'd Höh gschtanda sind oder dr Rescht schlagartich vollends ausgfalla isch.

Der Haussega war richtich im Oimer. Der isch praktisch zamma mit fünf geknüppelte Möchtegernheimwerker im reschtlicha Schpeis glega.

Nooch und nooch hent sich alle Männer, also die, für die des beziehungstechnisch meglich war, selber aus dr Wohnung nauskomplimentiert. Bloß der oine arme Kerle, für den's irgendwann mol gheißa hat, er müasst alles in guate wie in schlechte Däg ertraga – ja für den arma Seggel sind jetzt a ganze Zeit lang bloß no Letschtere ogsetzt gwä.

S'oinzigscht Uffbauende in der Situation war allerdings für mi, dass mir Männer unter uns fescht ausgmacht hent, bei jedem von uns so'n Heimwerkerobend durchzuzieha. I war mir zwar sicher, dass i ganz alloi derjeniche sei werd, der au druff beschteh wird – aber do gibt's koin Pardong! Ein Mann ein Wort und mit gehanga – mit gefanga!

Gell und insgeheim frei i mi scho saumäßich uffs T-Träger eibaua und Wand vosetza, uffs Fliesa lega, uffs Parkett abschleifa und uffs Holzdecke runderreißa und nei nuffmacha!

Die Aussicht und die Hoffnung nach durchschlagende und praktisch mit gleicher Münze heimzahlende Herausforderunga kann oim in so ra elenda Lage wenigschtens wieder a kloi bissle über Wasser halta.

Ja und falls es doch bei irgendoim Heimwerkergschäft kloine uwesentliche Komplikationa geba sott, gar net schlimm! Wie heißt's scho in dem alta Schprichwort: *S'isch no nie ein Käpsele vom Himmel gfalla* – und wenn doch, mit sechs bis sieba Fläschla Meischterpils fällt sich's schpürbar leichter…

(…gehämmert und gewerkelt nach einer Anregung von Michl Müller, Bad Kissingen)

* * *

„S'erschte Mol heirata und baua sott net gelta dürfa."

gfährliche Wurzel

Ob rund, ob dick, ob krumm, ob dünn,
du gehsch mir nimme aus'm Sinn.
Ob herzhaft-mild, ob scharf und schtreng
und vielleicht zwischanei a weng
erdich oder holzich gar
ischt egal, weil wunderbar!

Rettich – es ischt eine Qual,
rot, weiß, schwarz, mr hat die Wahl.

Von Haus aus gsund hältsch du oin warm,
schtärksch uns dr Kreislauf und dr Darm,
bringsch jeden Hickser obanaus
und butzsch dr ganze Bettel aus!

Rettich, ja du Allmachtsdinger,
du machsch oin schier zehn Jährla jünger,
bringsch genussvoll Kraft und Freide
ehrlich unter Land und Leute.
S'Beschte aber, als Salat,
wär hier dr Hausfrau erschter Rat:
A paar Dägla ziaga lassa
isch halt vom Gschmack her kaum zum fassa.

Doch Achtung, wenn's dr Deckel lupft
isch's grad, als ob oin ebber schtupft!
Do klemmt dir d'Nas und schwillt dr Meggel
und jeder schreit im Haus: *„Du Seggel!"*

Dr Rettichdampf bringt oin in Not
und mancher sieht deswega rot
und s'kommt in viele Eha bald
zu schwerer häuslicher Gewalt.

So schteht am End die Analyse:
Rettichwurzel? – Mordsgemüse!

* * *

beruhigend

Der Karle wird zum siebten Mal Vater – doch so
langsam kommen ihm gewisse Zweifel:

*„Also, wenn i des Kindle so ogugg, des kann doch
gwieß net von mir sei!"*

Aber seine Frau kann dieses Misstrauen schnell
ausräumen:

*„Doch, doch, do kannsch ganz beruhigt sei – grad
des Kindle isch von dir…"*

schtreng vodaulich

Weltoffaheit hin oder her, aber muass mr's denn allaweil gar so übertreiba? Unser guate, alte, bodaschtändiche Hausmannskoscht isch oscheinend von geschtern, isch sozusaga vorsinnflutlich voklemmt und hat desweg bald koin wert meh! So wie mr's bisher gwöhnt war isch's zu bieder, zu gewöhnlich und viel zu normal. Do fehlt der Pfiff, Pepp, dr Kick, dr Börner – oder au glei alles mitnonder. Und um diesem künschtlich erzeigta Mangel zu begegna, muass heit zwanghaft in alles, was mr sich zwischa d'Kiema schiabt, dieser asiatische Wurzelgruscht nei!

Ingwer! Von vorna und von hinta. Frisch importiert, transchiert, blanschiert, glasiert, grilliert, püriert und kandiert. Egal, was du heit in'd Gosch nimmsch, immer bitzelt dir des scharfe Zeigs uff dr Zung. Im Äpfelbrei, in dr Kürbissupp, im Biggmägg und sogar scho im Quittagsälz. Schiergar invasionsmäßich ingwerts gleichzeitich in alle Fernsehkochsendunga, in sämtliche Reschtaurantkarta und au scho drhoim im hoimischa Häfele.

Wurzelgemüse? Von wega! Dr beschte Sellerie hat koin wert meh, selbscht die dickschte Gelberüaba bringet's nimme, weil *„leischtungsfähich und vital ischt Ingwer schtets die erschte Wahl!"*

Also, wenn mr sich die Fachliteratur oguggt, no sieht mr jo scho die schiere Potenz aus jedem

Fitzele von der Wunderknolle rausdrücka, als däd's nix Gsünders geba. Und wahrscheinlich geht's uns jetzt au scho so wie dene Asiata, die wega dr ogeblicha Potenzschteigerung wirklich vor gar nix meh Hemmunga hent. Ja, um dieses hohe Glück zu erreicha, hent se bei uns scho fascht alle antike Nashornhörner aus de Musea klaut und sämtliche Tiger voschossa. Bloß, weil jetzt diese ganze luschtvosprechende Mittela kurz vor'm Ausschterba sind, sind se druffkomma, dass dem Ingwer sei Würzele billicher und oifacher zum ziaga isch wie beischpielsweis die arme Seepferdla oder dr Ginseng. So hat sich im Lauf dr letschta Jährla um dieses scharfe Ding drumrum a richtiche Induschtrie entwickelt. Und wer will do net au a bissle mitmischa?

Unter dem heimlicha Voschprecha einra geschteigerta Manneskraft, lässt mr sich heit ugeprüft jeden Gschmack vorsetza – Hauptsach s'hilft!

Natürlich geht mr im Feinschmeckerlokal net ganz so plump an die Umsetzung. Do liest mr zum Beischpiel dann uff dr Schpeisekart: *„Asiatisches Hausmacher-Bauerncarpatschio vom Feuerbacher Schwartamaga mit Zitronagras-Ingwerdressing am Albkorn-Tschabattaweckle"* oder *„Fernoscht-Meeresalga-Schaumsüpple garniert mit Reichenauer Ingwermaultäschla und Bodaseefellchencrutons"*. Bloß, ob an normaler schwäbischer Ranza so a neimodische Mischung au voträgt, des frogt koiner.

Doch wie bei alle kulinarische Höhepunkte, wichtich isch alloi der in dr Schpeisekart voschteckte Hinweis uff die aphrodisierende Wirkung. Und des derf mr sich dann au ebbes koschta lassa.

Dr wahre Genießer rechnet drbei nimme im Kopf um, was des Essa früher no in D-Mark koschtet hätt. Noi, alloi die hoffnungsfrohe Erwartung dieser durchgreifenda Wurzelwirkung lässt aus bisher ganz normale schwäbische Klemmer uff oin Schlag schpendable weltoffene Lebemänner werda.

Des Auge isst mit, aber dr Geldbeitel soll's gfällichscht zahla! Doch dr arme Mann und Bürger wird mitsamt seinra Libido voseggelt, zwingt sich drei oder vier Gäng voller Zeigs nei, wo'r freiwillig und bei klarem Voschtand selber nie essa däd und wundert sich dann drhoim, dass es trotz mehrfach überteuertem Gfräß doch net so klappt, wie'r sich's erhofft hat. In seine oigene vier Wänd brennt dann dem kulinarisch weltoffena Grasdackel leider bloß d'Gosch.

So kommt nooch und nooch dr Zweifel in'd Welt, ob dr alte Sellerie und a paar hart kochte Eier doch net besser zua uns bassa dädet, als wie des asiatische Zeigs.

Aber mir isch des wurscht! Von mir aus sollet dr Schuhbeck und die ondre Kochkonifera an ihrem Ingwer voschticka bis se schwarz werdet. Dr schwäbische Maga isch rein von dr Evoluzion her eher uff'n räsa Moscht, uff Mettwurscht mit Zwiebel oder

uff Siadfleisch mit Meerrettich eigschtellt, als wie uff
sotte importierte Droga.
Und des hat bis jetzt im Ländle au immer no gholfa
– meischtens jedenfalls, weil ausgschtorba sind mir
jo bis heit no net…

* * *

am Schtück oder gschnitta

wurschteln
rumwurschteln
zammawurschteln
umanonderwurschteln
durchwurschteln
oahnewurschteln
und sich selber dronei vowurschteln.

So lang wurschteln,
bis am End vollends alles wurscht isch…

Das Gold der Erde

Bei unserm Nachbr, dem Franzos,
wächst ganz voschteckt im Erdaschoß
a kloiner Böbbel – uscheinbar
und irgendwie ganz sonderbar.

Mr suacht drnooch, i weiß genau,
im Herbscht oft mit ra bsondra Sau,
weil manche Viecher eba schmecka,
wo sotte selt'ne Dinger schtecka.

So'n kloiner Bolla voller Dreck
und sündhaft teuer – ja voreck,
drvo, do wirsch du niemols satt
und finanziell, do gehsch schachmatt.

*

In unsre heim'sche Ackerscholla,
do wachset au so bsondre Bolla.
Grad so im Dreck ganz uscheinbar,
net selta – und doch wunderbar.

Mir müasset au net drnooch suacha,
au weg'm Preis braucht mr net fluacha.
Ja säckweis schleifet mir die Bolla
gern hoim und schöpfet aus'm Volla.

Ob saure Rädla, ob Salat,
des Gwächs basst immer akkurat

als Schtampf, in Schnitz oder frittiert,
der Böbbel schmeckt dir garantiert.

Vielseitich, kaum zu überbiata,
dehnt mir des Ding ins Göschle schiaba.
Sogar als Schpätzlesschwob ugloga,
do könnet mir die Bolla loba.

Doch welles Gwächs isch jetzt des bescht?
Mit wellem gwinnt mr jeden Tescht?
Was isch des Richt'ge, hat meh wert?
Welles isch gscheit, welles vokehrt?

Noi, i sag net, ob oiner gwinnt,
ob's d'Trüffel oder d'Äbirn sind
und hab drbei au koi schlecht's Gwissa,
weil des muass jeder selber wissa.

* * *

(kloine Ergänzung)

Mir Schwoba schmeißet's Geld net naus,
dr Trüffel kommt uns net ins Haus!
Des muass net sei, des braucht mr net –
mr wird au ohne Trüffel fett.

leicht überganga

Mr derf hier glei mol feschtschtella: In jedem nor-
mala männlicha Kleiderschrank hänget se drin,
nehmet dr Platz weg, lasset sich von de Motta Lö-
cher neifressa und sind so unötich wie ein Kropf –
d'Übergangsjäckla!

Von dr Bekleidungsinduschtrie im letschta Johrtau-
send als modischer johreszeitlicher Pausafüller
entworfa, bleibet diese Dinger unütz uff de Bügel
hänga, weil sich des mit dene Übergäng klimatisch
längscht erledicht hat. Es isch doch so: Vom kalta
Winter geht's irgendwann im April direkt in Hoch-
sommer über, dass du kaum no Zeit hasch, vor
lauter Hitz aus deine lange Unterhosa zu schlupfa.
Wem dann vor Schweiß sei Angoraleible no am
Leib bebbt, der däd's, au wenn'r wöllt, nimme in sei
Übergangsjäckle schaffa. Hat mr geschtern no
händvollweis s'Schtreusalz uffs Trottwar pfeffert,
tropft oim morga scho s'Eiswäffele uff'd Badhos,
weil mr mit'm Schlotza net noochkommt. Von null
uff hundert und zwar ohne Vorwarnung und aus-
drücklich ohne Übergang.

Übergang? Wer hat sich denn so ebbes überhaupt
ausdenkt? Fußgängerübergang, des leuchtet jo no
ei, aber bei ma Kleidungsschtück? Soll mr mit so
ma blöda Jäckle dr Klimawandel übergeh oder soll
mr vielleicht drmit die Zeitumschtellung besser vo-
krafta? Braucht mr so ebbes für drinna oder
drauße? Wenn mr beim Essa vom zweita in dr

dritte Gang übergeht oder von Weizabier uff Rotwei umschwenkt? Wenn'd Frau moint, sie müasst uff oimol gsünder kocha und dir bloß no dämpft's Gmias noschtellt? Do wär dann so a Jäckle passend, aber ois mit „Con" drvor! Übergang – do kriagsch doch glei oiner z'viel! Vielleicht braucht mr ois an dr Tankschtell, wenn se von E10 uff Salatöl umschtellet oder beim Fernsehgugga, wenn mr sogar ohne Übergang von oim Rotz in dr nägschte zappt.

Mr derf sich sowieso froga, wer denn heitzudag überhaupt no so ebbes Unötichs kauft. Isch diese Käuferschicht, wo mit sotte dubiose Kittel rumdabbt vielleicht selber scho im Übergang und hat's no gar net gmerkt, was los isch? Und wenn, uff welchem Übergang befindet se sich dann?

Früher vielleicht, do hat so a Kleidungsschtück sei Berechtigung ghett. Do waret die Übergänge no deutlich zu erkenna – net bloß an dr Johreszeit. Früher hat mr scho von weitem gseh, wer ein junger Kerle und wer ein alter Dackel isch. Aber heit kleidet sich die Junge mit ihre künschtlich-volöcherte Kleider so, als ob se scho vierzich Johr lang schwer gschafft hättet. Und die Alte laufet rum, als wäret se mittadrin im Jugendwahn.

Von beide Seita isch koin Übergang meh zu erkenna, es sei denn, du hasch a Frau drhoim, die irgendwann mit dr Muttermilch so ein Übergangszwangsjäckle eigsaugt hat. Und als Mo von so ra scho frühzeitich fehlgschteuerta Gattin bisch du selber dann dr Kleiderschtänder, quasi des luscht-

volle Objekt dieser textila weiblicha Grundbedürf-
nisse. Du muasch mit sotte umegliche Kittel rum-
laufa, ob du willsch oder net, ob's draußa Froscht
hat oder a Bollahitz. Ja, du muasch als Mo no net
mol selber zum Oprobiera ins Gschäft. Ein fürsorg-
liches Eheweib bringt dir so'n Fetza sogar ubschtellt
mit hoim – weil du des brauchsch!

Dr Übergang wird mitsamt'm Jäckle und'm oigena
Mo kalendarisch vorbeschtimmt. Drbei kommt mr
sich als zwangsbekleideter Mann buchschtäblich
überganga vor, wenn mr in seim oigena Kleider-
schrank nix meh zu melda hat. Mr muass, noi, mr
wird genötigt, in so a Übergangsjäckle neizu-
schlupfa und nur bei allergröschtem Widerschtand
oder wenn's über dreißich Grad im Schatta hat, derf
mr's kurzzeitich au mol über'm Arm traga. Dr Über-
gang wird zur Pflichtgardrobe, dem au mit Argu-
mente wie Hitzschlag, Halsweh oder steifem Gnick
net beizukomma isch.

Die Fraua allerdings, die sind do erschtaunlicher-
weis scho viel weiter. Do sieht mr so a überflüs-
siches Jäckle eher selta. Die Weiblichkeit braucht
mindeschtens a paar Übergangskoschtüm oder
ebbes Kombinierts. Mit ma oifacha altbackena
Jäckle gebet die sich net ab. Die wisset schließlich,
was modisch isch und wellet net grad rumlaufa wie
die letscht Henna.

Dem hier meglicha männlicha Eiwand, dass doch
au die Ehemänner oschtändich rumdabba wellet,
wird aber sofort des Argument der unötichen Geld-
ausgabe entgegaghalta. Denn bei ma Mo wär die

zeitlose Eleganz von ma Seniorakittel wichticher wie so'n modischa Schnickschnack. Hauptsach, des Jäckle hat koine Soßaflecka, weil des däd sofort wieder uff'd Frau zrückfalla.

Als Mo sott mr sich an der Schtelle jetzt mit dieser Materie net tiefer ausanondersetza, sonscht däd's vielleicht beim oina oder ondra zu schmerzhafte Übergäng komma, was mr jo hier net ubedingt herausfordern muass.

Doch es bleibt feschtzuhalta: Unsre Fraua sehet ihre Männer immer wieder gern in ma Kleidungsschtück, des für sie alle Türa zum Übergang offa lässt. Ja und dr eigentliche Zweck von solche blöde Kittel isch die Hoffnung, dass dr oigene, vielleicht uscheinbare Mo irgendwann mol wie ein wunderbarer Schmetterling aus so ma altbackena Fetza rausschlupft.

Aber uff so an Übergang kann meine bei mir lang warta! Je älter dass i werd, desto wichtiger isch für mi des Verlanga nach Eigaschtändichkeit. Und i bin drbei scho saumäßich eiga! Ab fuffzich hab i als Mann des Recht uff a Kloroll in dr Heckablag von meim Auto, uff gschtrickte Socka – au in de Sandala und uff a freies und ukritisiertes Kopperle nach'm Mittagessa. Sodele, und do drmit au des Recht uff a Übergangsjäckle, selbscht dann, wenn's scho längscht altbacket isch, umeglich aussieht und d'Frau scho d'Händ über'm Kopf zammaschlägt.

Jetzt beschteh i druff – grad zum Bossa!

Klagelied eines Dreckbolla

(Wenn der Mann unverhofft in Rente geht und plötzlich ungefragt in den Haushalt eingreift…)

Oh Leit, es isch net auszuhalta,
in koinra Ritza, koinra Schpalta
nirgends kann i mi no heba –
Himmel, des isch doch koi Leba!

Scho saugt'r wieder kreuz und quer,
macht mir mei Leba wüäscht und schwer.
Er fegt und wischt grad wie im Fieber,
oh noi, do war mir's früher lieber!

Mit seinem ganza Körpergwicht
gibt's jetzt beim Butza Sonderschicht
und jedem Schtäuble, kaum zu saga,
geht's so mit Gwalt bald scho an Kraga.

Von mir aus soll dr frühe Rentner
in Garta naus und Doppelzentner
voller Kraut und Rettich ziaga,
doch Hauptsach, mi, mi lässt'r liega.

Doch noi, es weht a onder's Windle,
i find koi Ruah meh, net oi Schtündle.
Oh Leit, i bin scho halber hie,
dr *Ruheschtand* isch nix für mi!

s'Leba – nach außa

Wenn mr scho vorher wüsst,
dass ebber uff Bsuach komma däd,
wär mr druff eigricht.

Mr däd vorher duscha, Zäh butza und so,
däd a paar Schpritzer Afterscheif an'd Backa
und ebbes unter'd Achsla.
Mr däd sich saubre Kleider oziaga,
und net ohne Socka in'd Schuah schlupfa.

Ringsrum wär's wie gschleckt,
s'bolitische Magazin däd uff'm Tisch liega
und s'geischtliche Wochablättle drneba,
a Fläschle schtilles Wasser drzua
und im Radio SWR 4.

Mr däd vorher guat durchlüfta,
däd durchsauga, abschtauba,
dr Muggaschiss von de Fenschter butza
und die alt Wäsch und s'dreckiche Gschirr
vom Sofa räuma.

Ja, wenn jetzt ebber komma däd,
könnt mr'n reilassa.

*

Jetzt wär alles so,
wie's sei sott…

s'Leba – nach inna

Wenn mr net drmit rechna däd,
dass zu ra umeglicha Zeit
no Bsuach kommt,
oifach so, uogmeldet,
uvoschämt und uerwünscht,
no däd mr dohocka –
ukämmt und urasiert,
im votrialta Unterleible,
in dr Tschogginghos,
ohne Socka
und mit dr Flasch Bier in dr Hand.

S'Heftle mit de naggiche Menscher uff'm Tisch,
vom letschta Drinkgelage
no die leere Flascha uff'm vosauta Teppich
und im Fernseh an rechta Gruscht am laufa.

Wenn jetzt ebber komma däd,
wär's oim vielleicht a bissle uognehm.
Mr däd sich womeglich scheniera
und am liabschta
in a Löchle voschlupfa wella.

*

Ja, wer will scho so sei,
wie'r isch…

mr sott's wörtlich nehma

!!! GONG !!!

… 1. Runde …

Immer schö uff Dischtanz halta
und dann wie aus'm Nix an kurza Heber.
Mit links otäuscha
und mit dr Rechta kerzagrad nausfahra,
genau uff dr Punkt,
umhaua, uff'd Deckung achta
und nix durchlassa.
Nomol oine uffs linke Aug,
dass'r bluat wie a Säule
und glei noochsetza,
umbatscha!
Gschtreckterlängs!
Voll uff die Zwölf!
Der isch fällich,
den hasch im Sack!

!!! GONG !!!

… 2. Runde …

Oine in'd Niera
und glei nomol oine,
an Knochabrecher in'd Rippa.
Glei druff oine an'd Ohrlappa,
dass glockahell schellt
und uff'd Kinnlada,

dass'd hörsch wie's knackt
und z'letschta oine uff'd Gosch.
Mittadruff,
dr volle Schwinger,
dass'd Lubbel blatzt,
dass'r schpritzt, wie wenn mr'n abgschtocha hätt,
dass dr Zohschutz über
d'Seil nauspfeffert.

!!! GONG !!!

… 7. Runde …

Bleischwere Ärm,
feierrote Backa
und an gschwollena Meggel
wie an Wirschingkopf.
Koi Luft und koi Kraft meh,
bloß no aus oim Aug gugga,
koin Muggs meh macha
und uff'd Bretter geh.

S'Handtuach schmeissa!

Vorbei dr Traum vom Titel,
aus und vorbei.

*

Ja, heit wär Geba
doch irgendwie seliger gwä wie Nehma…

schpitz uff Knopf

Überall schreibet se, dass immer meh drvo geba däd
und alle saget se, dass des gar net so guat wär,
weil's eba in die falsch Richtung laufa däd
und womeglich aus'm Gleichgwicht käm
und net oiner ebbes dro ändra wöllt.
Ja was soll mr au alloi macha,
wenn's so isch wie's isch?
Des hebsch au du net,
noi au net du alloi,
du mit deinra
Frau und
euerm
oina
Bua

und
desweg
sott mr halt
ab und zua scho
a bissle drbei überlega,
ob mr weg'm Gleichgwicht
vielleicht besser uffs Hundle vozichta
und sich doch a zweits Kind oschaffa könnt.
Weil, wenn mir's net macha, no macht's dr Inder
oder dr Kinees oder sonscht oiner und dann hagelt
dr Bettel um und jeder schreit und koiner will's gwä sei,
drbei könnt mr's Kippa ganz leicht vohüta, wenn mr wöllt.

alles wird guat

Mach dr nix draus, geht au mol im Leba
des oi oder onder so ziemlich drneba.
Du kannsch's net vozwinga, scho gar net mit Gwalt,
denn ab und zua find sich halt nirgends koin Halt.
Des isch ganz normal, s'isch immer so gwä,
s'Leba isch hart – und net immer schö.

Und sieht mr an manche Däg net drüber naus,
setzt vor Sorga und Not
schier koin Fuaß meh vors Haus,
will gar nix meh seha, will gar nix meh höra
und alles drumrum duad oin bloß no schtöra,
isch ois aber sicher, liegt's au uff dr wie Blei:
Sotte Däg kommet – doch sie gehn au vorbei!
Wird au nimme alles so wie mr's gern hätt,
macht oin heller Dag doch so vieles glei wett.

S'geht alles vorüber und nix bleibt wie's war,
war's geschtern no wolkich, isch's morga scho klar.
Schtellt sich ebbes in'd Quere,
no sei halt net dumm –
geht dr Weg mol net drüber, no geht'r drum rum.

Du kannsch wieder lacha, sagsch de Sorga „ade",
vielleicht brauchsch an Schtock,
doch du kannsch wieder geh.
Du findsch neie Hoffnung und fass'sch neia Muat –
wenn mr's onimmt geht's weiter
und alles wird guat!

Hausrecht?

Do hockt mr obends uff seim Bänkle
und denkt sich wirklich nix drbei.
Uff oimol schpuckt oim so ein Simpel
von oba ra ins Schorle nei.

Im Heißluftballo hocket Kerle
und hent sich scheint's a Schpäßle gmacht.
Die wellet brave Bürger foppa,
doch net mit mir, des wär jo glacht!

Vom Himmel hört mr nur Gejohle,
i glaub fei, dene geht's zu guat.
„Euch geb i's glei, ihr Allmachtsbachel!",
denn jetzt kriag i a rechte Wuat.

I hol mei Schpatzagwehr vom Keller
(natürlich uffbohrt und frisiert),
schiaß Löcher in di Ballohülle,
„ja gugget bloß, wie's glei bressiert".

Es zischt und pfuzget, schreit und brüllt
und sanft erschlafft die Hülle.
An Teil geht in ra Mischde ra,
dr Weidakorb in'd Gülle.

Den Heißluftballo zu voschiaßa
war ehrlich ugeheuer.
Des Nachschpiel vor'm Amtsgericht
drum öffentlich und teuer.

Dr Richter kriagt an rota Kopf
und hat sich arg mokiert,
weil i vollkomma reuelos,
hab glei drufflos plädiert:

S'isch gsetzlich halt net feschtgelegt,
wie hoch a Hausrecht gelta däd
und i sei freizuschprecha.
Die Balloseckel, diese Blitz,
die könnet selber blecha!

Doch leider schprach des hohe Gricht:
Des wär dr rechte Rahmen,
tausend Euro Schmerzensgeld
und des in Volkes Namen.

*

Fährt über mir hoch in dr Luft
mol wieder oiner rum,
no noddelt mi's in Zukunft net,
des wär mir scho zu dumm.

I lass mei Gwehr im Schränkle drin
und s'Schiaßpulver bleibt kalt.
I weiß jetzt: Was oim von oba kommt –
isch höhere Gewalt.

Kommsch no mit?

Von außa schwappt heit jeder Mischt
ins Land und raubt oim fascht dr Sinn
und s'lässt sich nix drgega macha,
wenn'd guggsch, no schtecksch scho mittadrin.

D'Jugend schtopft sich voll mit Börger,
saure Kuttla sind verpönt,
mr hat für'n guata Gschmack koin Kopf mehr,
weil Techno bis zum Oschlag dröhnt.

S'Fitness-Schtudio wird zum Tempel,
früher hätt's an Waldlauf do.
Isch dr Fummel net vom Gutschi,
glotzt di schier koi Sau meh o.

Von alle Seita drückt dr Fortschritt,
wer net mitmacht, den haut's um.
Beim *'Public viewing in the city'*
glotzsch ohne Englisch ganz schö dumm.

Selbscht dr Wei heißt jetzt französisch,
trotzdem isch dr gleiche drin.
Mr frogt sich: *„Sind mir solche Simpel
oder ziagt do ebber Gwinn?"*

Leit, i sag's euch, wo de noguggsch
wird des schöne Deutsch vohunzt.
Secht mr heit: „I mach mi frisch",
hätt mr früher oifach brunzt.

Ach, die Welt isch schtark im Wandel,
manchsmol fällt's oim kaum no uff.
„Sä la vie", saget die oine,
doch schponisch hab i halt net druff.

Im Prinzip scho…

(Urlaubsplanung so ab 60 oder 70
oder au scho früher)

Du, moinsch, uff de Kanara isch's jetzt scho warm?

Warm? Do isch um die Zeit scho die gröscht Hitz, dass mr schier eigeht!

Ja sott mr dann bälder im Johr uff die Insel, drmit mr's dort aushalta kann?

Noi, do isch's bei uns no so kalt, dass mr alla-dritt schüra muass – und wenn mr dann uff de Kanara hockt, isch koiner drhoim, wo nach'm Ofa gugga däd.

Und schpäter? Däd des vielleicht bassa?

Des geht glei gar net! Do muass mr eidünschta und gsälza. Und wenn's net duasch, no hasch nochher nix, bloß weil uff dene Kanara gwä bisch. Vierzehn Däg a Bollahitz und Sonnabrand und do drfür s'ganz Johr nix im Gläsle – des geht uff gar koin Fall!

Majorka vielleicht? Des wär net so weit weg.

Fliaga muasch onnaweg. Des isch jo grad des Problem drbei. Du hocksch in so ra Maschina drinna und drauße isch's gröschte Gwitter. Des

schüttelt und duad, dass glei die ganz Erholung beim Deifel isch bevor'd okommsch. Und obadrei diese Entführunga und des alles. Die Fliagerei, noi, hör mr uff!

Sollet mir liaber mit'm Zug? Nach Südfrankreich? Weisch, mit'm Liegewaga, ganz bequem…

Bisch vorückt! Womeglich noch über Nacht, dass mr koi Aug zuabringt. Und gscheit wäscha und uffs Klo geh kannsch au net. Kaum hocksch dort uff dr Schüssel, hasch dr scho ebbes gholt. Geh mr fort mit'm Zug!

Oder mit'm Auto nach Italien?

Ha du lernsch aber au nix drzua! Scho morgens des Olivaöl und drzua des al dente, dass dr's Gebiss wackelt. Vorher scho schtundalang im Schtau und au no Maut zahla? Net mit mir! Bei uns machet se alle Rennerles uff dr Autoboh – umsonscht! Und mir sollet blecha? Koine zehn Gäul kriaget mi nach Italien – und nach Schpanien au net! Ha die könnet mi doch alle fünfern!

Öschtreich vielleicht oder Schweiz?

Uff gar koin Fall! Wenn do s'Wetter in de Berg hockt, no siehsch du vor lauter Nebelwolka koi Hand vor'm Gsicht. Und wo mr nogeht, triffsch uff Bekannte. Des muass doch gwieß net sei! Mir langt's scho, wenn i di ganz Bagaasch drhoim seh muass!

Oschtsee? Soll doch au nett sei dort oba…

Was? Und im Wasser friert mir's Bibberle ab?
Koin Sauerbroata und koine Linsa kriagt mr!
Blasaentzündung hab i erscht ghett. Und jeden
Dag Fischsubb? Gell und wenn mr sich a Vier-
tele bschtellt, soll mr für'n halba Liter zahla und
sie schenket oim bloß null Komma zwei ins
Gläsle ei. Ja leck mi… Noi, des isch nix für mi!

Also du hasch doch immer ebbes auszusetza!
I glaub für di wär's am beschta, mir dädet drhoim
bleiba.

Des wär net des Dümmschte! Do weiß mr, was
mr hat. Wenn's Wetter net mitduad, hocksch net
in ma teura Hotel, muasch nix essa, wo de net
kennsch und wo mr hinterher womeglich
d'Scheißerei drvo kriagt.

Gell, aber woonderscht soll's doch au schö sei.
S'Heinzelmann's von drüba waret jetzt erscht in
Tunesien. Gell und die sind ganz begeischtert und
dädet sofort wieder…

Ja, grad deine Heinzelmann's, mit dene hasch's
allaweil, bloß, weil dr der im letschta Frühjohr a
paar von seine Tomatasetzling abgeba hat. Aber
genau noochfroga derfsch halt net! Des däd jo
au koiner gern zuageba, dass se s'Geld zum
Fenschter nausgschmissa hent. Do muasch
bloß unsre ondre Nachbern ogugga, die waret
letscht Johr für drei Wocha in dr Dominika-
nischa Republik und jetzt sind se gschieda!

Und du moinsch, do wär dr Urlaub schuld gwä?

Ha überleg doch mol! Drei Wocha in ma vo-wanzta Doppelzimmer, praktisch uffanonder druffhocka. Des hält doch koi Mensch aus!

Also i weiß net, des kann doch aber net am Urlaub liega, dass die zwei sich trennt hent. Die hent doch scho länger Händel mitnonder ghett und die Ur-laubsreis war doch wie so a Art Neiofang gedacht.

Genau, Neiofang, dass i net lach! Uff der Insel hat doch der Nachbersblitz so a braunes Men-schle kennaglernt und wenn se net in Urlaub ganga wäret, no käm dene ihr Häusle jetzt net unter dr Hammer!

Ha des isch mir's Neieschte! Aber desweg nirgends meh nofahra, kann doch au koi Lösung sei.

Ha du hasch doch au liaber a Dach über'm Kopf!

Oh, was soll i do jetzt bloß druff saga? I däd halt gern oimol wieder – vielleicht ans Meer und wenn's bloß für a paar Däg wär…

Du bisch au mit gar nix z'frieda! S'geht doch nix über a schöne Wanderung mit Rucksackvesch-per oder mol an halba Dag mit'm Neckarschiff. Des isch echte Erholung! Wenn's sei muass au a kloine Fahrradtour. I will jo net so sei.

Und net oimol für vierzehn Däg uff'd Kanara oder wenichschtens nach Teneriffa??

Was? Glei vierzehn Däg? So muass mr doch net über'd Schträng schlaga! Noochher geht mir's so wie unserm Nachbr.

Wie bitte? Sag bloß, dir gfällt's drhoim nimme und du hättsch au gern so a braunes Menschle.

So ein Quatsch! I moin halt, des wär z'lang, glei zwei Wocha am Schtück. Des sind mir doch gar nimme gwöhnt. Und zudem isch's bei uns net so oifach, dass mr bloß dr Hausschlüssel rumdreht und alles ondre geht oin nix meh o.

Oh, i glaub, i muass bald alloi in Urlaub – oder i wander nach Auschtralien aus, no hasch dei Ruah!

Jetzt komm mir doch net so! Früher hättsch du bloß ebbes saga braucha und mir hättet a Weltreise gmacht. Früher hasch bloß nie ebbes gsa, wega dr Kinder und wega deinra Muadr und weil mr frisch baut ghett hent. Immer isch ebbes gwä. Ja, wo mir no net voheiratet gwä sind, do sind mir in dr Weltgschichte rumkomma, aber seither hat's höchschtens no In Bayrischa Wald oder ins Allgäu glangt.

Ha jetzt bin i am End au no schuld, dass mir scho bald dreißich Johr nirgends meh nokommet? Du machsch dir's wieder mol oifach! Wer hat sich denn an ganza Schtall voll Schtallhasa ogschafft, wo koin ondrer drono langa derf?

Also bitte, nix gega meine Häsla! Die hent scho dreimol dr erschte Preis gwonna!

Genau, deine blöde Karnickel! Jetzt wo'd Kinder aus'm Haus sind, muasch du mit so ma Ziffer ofanga! Jetzt, wo mr endlich ugebunda wär und voreisa könnt und…

Des könnet mir doch onnaweg macha! I hab doch au gar nix drgega.

So? No gehn mir zwei glei morga ins Reisebüro!

Von mir aus, aber mit ra ganz kloina Eischränkung.

Wieso? Willsch du net uff'd Kanara?

Doch, im Prinzip scho, bloß nachts däd i halt gern in meim oigena Bett schlofa wella…

* * *

Wer lang frogt geht lang fehl

„Du Baba, isch Afrika eigentlich weit weg?"

„Noi, i glaub net. Bei uns in dr Abteilung schafft an Schwarzer und der kommt jeden Dag mit'm Fahrrädle ins Gschäft."

s'neie Autfitt

(ein kleiner gemischter Chor auf der harmonischen Suche nach einer neuen Konzertbekleidung)

Nach fascht zwanzich Johr braucht mr wirklich koi schlechts Gwissa haba! Nach so langer Zeit, wo doch die meischte scho längscht aus de alte Kleider rausgwachsa sind, derf mr sich au mol nach ebbes Neiem umgugga. Schließlich voändert sich im Lauf des Lebens bei so manchem net nur d'Schtimmlage und dr Körper, noi, au die Mode fordert ihr Recht und will nimme so altbacket rumsaua.

Wobei mr beim Schtichwort „Mode" bereits mittadrin im Thema wäret. Mode isch nämlich ein extrem dehnbarer Begriff und alloi dr Gedanke an modische Voänderung lässt beim oina oder ondra dr Bluatdruck schteiga.

Wo also bei dr letschta Chorbeschprechung die Absicht erklärt worda isch, dass mr bei dr äußera Erscheinung die Schtellschrauba a bissle oziaga wellt, isch sofort, bevor überhaupt dr erschte Vorschlag uff'm Tisch glega isch, a regelrechte Emozionslawine losbrocha.

„I schlupf aber in nix nei, wo mir net schteht – und wenn, no schteh i bloß no hintanum!"

„Jetzt hent mr zwanzich Johr lang „Rot" ghett. Warum soll mr uff oimol ebbes onders oziaga?"

„Mei Blüsle basst no eiwandfrei und do, wo's schpannt, kann i's jo a bissle rauslassa."

„Aber net bloß am Blüsle!"

Mr lernt in so ra vielschtimmiga Gemeinschaft schnell, dass es wie im wahra Leba au hier uff dr richtige Ton okommt. Desweg sind au die meischte mit Feingefühl und Gschpür für wohlklingende Harmonie ans Werk ganga. Allerdings net alle! S'waret zwischadrin doch manche, wo diesen Olass jetzt eher zua ra längscht überfälliga Generalabrechnung missbraucht hent. Uff oimol hent die an allem, was seither recht gwä isch, ebbes auszusetza ghett. Des beschte war allerdings, dass, obwohl no gar koin Bekleidungsvorschlag ausgschprocha worda isch, die Farba Blau, Gelb, Grün, sämtliche Zwischatön sowie Lila und Orange scho von vornarei ausgschlossa worda sind.

Die sonscht rein von dr Ozahl her schtimmamäßich unterlegene Männer sind erschtaunlich ruhich und gelassa blieba. Dene war's doch tatsächlich egal, in was für ma Hemmed se in Zukunft uff dr Bühne schteh sollet. Hauptsach war, dass se sich in koi Krawatt zwinga müasstet. Doch obwohl's dene vom Prinzip her wurscht war, hent se doch genussvoll und mit kloine Noodelschtich die Sangesfraua uffgschtachelt. Guat, zuageba, es war au relativ leicht, so a modisch-heißblütiges *„Was-soll-i bloß-oziaga-Thema"* zu befeuern. Der hitzige Dischput war frauaseitig sozusaga dr reinschte Selbschtläufer – do hat mr gar net viel oschtupfa müassa…

„Und wenn ihr Türkis wellet, no hab i bei euch die längscht Zeit mitgsunga!"

„Hör mr doch uff mit deine leere Voschprechunga!"

„Du singsch doch au bloß im Chor, weil du drhoim nix zum saga hasch!"

„Ja halt mr du bloß dei freche Gosch! Du triffsch doch scho johrelang koin Ton meh!"

„Du hasch's grad nötich! Du dädsch uff dr Schtell dr erschte Preis im Gießkannaorcheschter gwinna!"

Die Tonlage wurde etwas rauer und Komplimente und Nettigkeiten wechselten in rascher Folge. Zaghafte Beschwichtigungsversuche des Chorleiters wurden als persönlicher Angriff ausgelegt und entsprechend beantwortet:

„Ha du hasch doch koi Ohnung von dr Mode!"

„Mir lasset uns nix uffzwinga, des wär jo no schöner!"

„Wenn dir dei Frau net deine Kleider rauslega däd, dädsch du jedsmol im Tschoggingozügle doherkomma!"

Obwohl sonst eigentlich tonangebend, verhielt sich die Chorleitung ab hier eher etwas bedeckt.

S'isch aber au net leicht gwä! Unter dreißich Sänger und Sängerinna gibt's eba au mindeschtens genau so viel Moinunga und wenn's um so ebbes Lebenswichtigs wie modisches Ufftreta geht, derf mr ubedingt au mit körperlichem Eisatz ans Werk geh! Drbei war mr sich grundsätzlich oinich, dass mr sich net oinich war. Des war an dem Obend im Prinzip die oinzigschte Gemeinsamkeit und die neie Farb, uff die se sich hättet oiniga könna, hätt im Prinzip erscht no erfunda werda müassa.

Warum mr's überhaupt gschafft hat, sich über zwanzich lange Johr zu beherrscha und in ma einheitlicha Fräckle uffzutreta, isch im Rückblick scho fascht wie a klois Wunder erschiena. Wobei sich au hier sehr schnell rausgschtellt hat, dass die meischte mit dr Farbwahl seinerzeit au net eivoschtanda gwä sind. Ogeblich hätt mr sich nur aus reiner Nägschtenliebe und drmit's dr Chor net voreißt druff eiglassa.

Um endlich an Knopf an des leidige Kleiderthema zu macha, hat mr sich gega halber Zwölfe entschlossa, den Tagesordnungspunkt uff die nägscht Sitzung zu voschiaba. Die Entscheidung do drfür isch sogar fascht oischtimmich gfalla. Bloß die Minderheit an Bässe und Tenöre hat süffisant gmoint, dass sie wahrscheinlich die oinzigschte wäret, wo mit ra farblicha Mehrheitsentscheidung guat weiterleba könntet.

„Mir sind sogar so tolerant, dass mr zu euch jede Woch in'd Singschtund kommet!"

Leider hat mr weiblicherseits und vor allem um die Uhrzeit sotte kloine Seitahieb nimme votraga:

„Ihr könnet doch grad froh sei, dass ihr aus'm Haus kommet!"

„Wenn's nach euch geh däd, dädet ihr s'ganz Johr in eure Schtrickjäckla rumdabba!"

„Mode isch Frauasach! Do hent ihr euch net eizumischa!"

„Männer sind von Haus aus farbablind!

Zum Glück und da erfahrungsgemäß am nächsten Morgen die Nacht vorbei sein würde, ließ man es gnädigerweise dabei bewenden – auch die Widerworte hielten sich in Grenzen. Doch blind, wie von den Frauen unterstellt, waren die unterdrückten Männer auch wieder nicht und schenkten sich kurz und bevor ihnen jemand zuvor kam noch schnell die Reste aus den aufgetischten Weinflaschen in die Gläser. Und mit leichtem Grinsen und im gegenseitigen Zuprosten konnten die wenigen, trotz allem noch sangesfreudigen Männer nun eine kurze und doch sehr treffende Zusammenfassung über die heiße Diskussion der letzten Stunden geben:

„Mir bleiba beim Rota – denn Rot basst immer!"

s'Chillifescht

oder

wer net höra will muass fühla

Also, um es glei vornaweg zu saga, mir Männer sind von Natur aus normalerweis boggelharte Saukerla! Mir sind rein von dr innera Eischtellung und von dr oigena Eibildung her sowieso ubezwingbar! Meischtens jedenfalls.

Doch leider gibt's von jedra schöna Regel a paar leichte Abweichunga, in die mir dann aber gezielt neidappa müasset, wie zum Beischpiel in so ebbes wie ma ganz uschuldich klingenda Chillifeschtle.

Letschtes Johr im September isch's gwä, wo i zuafällich den Hinweis in dr Zeitung glesa hab, dass ganz in dr Näh des allererschte Chillifescht schteiga däd. Also die Premiere von ma milda, gaumakitzelnda Gemüsepaprika-Kulturereignis. Sofort hab i mein ebaso chillibegeischterta Freind ogruafa und die Sach war beschlossa. Do muass mr no!

Unter dem Motto: *„Chilli weckt die Lebensgeischter, do wird jeder Mo zum Meischter"* hent mir des Feschtle au glei unsre Fraua schmackhaft gmacht. Erschtens hent mir se natürlich an dem Hochgenuss teilhaba lassa wella und zweitens dürfa die ruhich au mitkriaga, zu was ihre Männer ab fuffzich noch fähich sind.

Um net ganz uvorbereitet in so a Chillischötle neizu-beißa, war a klois bissle Information im Guugl ogsa, damit mr sich net glei als totaler Laie vowischa lässt. So hent mir glernt, dass es bei de rechte Paprika im Grund bloß uff dr Schärfegrad, uff die soge-nannte *Scoville* okommt, die's zu bezwinga gilt und uff die Schärfeskala von lummeliche null bis lächer-liche zehn.

So vorbereitet und mental saumäßich gschtärkt hat des Fescht also komma könna. Und doch waret mir dann an dem Feschtlessonndich mordsmäßich überrascht, was für an haufa voschiedene Sorta, Farba und Forma von dem Gmias do zum Ogugga und Probiera uffgfahra worda isch. Bisher hent mir so kloine Chilli höchschtens von dr Diabolopizza her kennt, wobei mr diese kloine Deifelskrüppel meisch-tens glei uff dr Tellerrand gschoba hat. Net, weil mr's net mega däd, noi, sondern weil oim diese Hundling sonscht dr Gschmack vom guata Weiza-bier vosaua dädet. Aber die Paprika kommet beim Italiener jo meischtens aus'm Gläsle, sind also gar net frisch und naturbelassa und wahrscheinlich des weg so dermaßa scharf.

Doch jetzt uff dem Fescht war alles rein natürlich, direkt am Zweigle gwachsa, rein biologisch und folglich au net so gfährlich.

Dr Mittag war zwar noch lang, aber alle Schtufa von null bis zehn durchzuprobiera wär jo langweilich gwä. Freiweg hent mein Freind und i also scho mol in a hellrotes „Dreierle" neibissa, selbschtvo-schtändlich mitsamt de Samakernla. Zwar hat der

Kerle hinter dr Probiertheke gmoint, er däd, wenn's nach ihm geh däd, des Innere von dene Dinger besser weglassa. Aber do isch der bei uns uff Granit troffa, weil mir sind koine Warmduscher! Und a eiskalte Dusche wär au glei s'Beschte gwä, was uns jetzt guat do hätt. Reinschte Hitzewallunga sind uns jetzt durch und durch, gfolgt von Schnappatmung, Schweißausbrüch und dem hilflosa Vosuach, die Wirkung von so ma kloina, vom Schärfegrad her eigentlich milda Paprikale, vor unsre Fraua zu voberga.

Der Chillisachvoschtändiche hat aber scheint's seine Pappaheimer kennt. Wortlos hat'r a klois Schäle mit Olivaöl und a Breggele Schwarzbrot rübergeba, mit dem mir dann ganz langsam wieder unsre Nervaenda hent beruhiga könna. *„Wenn mr's ganz Johr in koin Chilli neibeißt, isch des am Ofang ganz normal"*, hat'r gmoint. Dr Körper däd sich schnell an die Schärfe gwöhna und dann erscht könnt mr diese uglaubliche herrliche reife Wucht von so ma kräfticha Paprikaaroma genießa. Erscht dann däd mr wissa, warum dr mexikanische Hochlandbewohner au ohne oin Peso in dr Tasch immer so guat druff wär.

Tatsächlich hat des Olivaöl Wunder gwirkt und unsre greizte Tränadrüsa hent dr klare Durchblick wieder freigeba. In dr Gosch hat's zwar no saumäßich bitzelt, von doher hätt mr vielleicht a bissle wenicher euphorisch sei solla, aber den Erkenntnisschtand von mexikanische Ureiwohner zu erreicha war jetzt unser gsetztes Ziel. Also: Schtufe zehn – mit Körnla!

Unsre Fraua hent uns no zrückhalta wella, aber so ebbes schtachelt ogehende Erkenntnisträger erscht recht o. Guat, jetzt hätt mr vielleicht vorher wissa solla, dass dene mittelamerikanische Hochlandbewohner ihre leicht hervortretende Auga net ubedingt von dr dünna Luft kommet, weil, uns hat's jetzt die Glotzböbbel so mordsmäßich nausgschlaga, dass se uns schiergar rausgfalla wäret. Unsre Häls sind mitsamt de Meggel feierrot ogloffa und mir hent im Numschnappa grad no die zwei Rotkreizhelfer nach dr Sauerschtoffmaska schreia höra. Alles ondre um uns rum isch vor lauter Schmerz vollends unterganga. Zweimol achtzich Kilo schwäbisches Kampfgwicht sind von zwei klitzekloine, kaum zentimetergroße, dunkelrote und garantiert ugschpritzte Demeter-Chillizäpfla uff'd Bretter gschickt worda. Nummer zehn und des voll uff die zwölf – und des au no freiwillich!

A guate Schtund waret mir beide praktisch außer Gfecht, hent kalte Umschläg, no meh ölichs Schwarzbrot und vor allem des schadafrohe Mitgfühl von unsre Fraua über uns ergeh lassa müassa. Mir hent au gar nix meh saga wella – und könna, denn jedes Mol, wenn a bissle frische Luft in unsern Hals komma isch, hätt mr moina könna, s'däd oim oiner a brennende Fackel direkt aus de Magawänd dr Schlund hochziaga.

Unsre Fraua allerdings, die hent sich dr gröschte Schlag chillifreies Kinder-con-carne neizoga, hent sich a herrlich frisch's Weizabier nunderzischt und schtändich drvo gschwärmt, wie guat gwürzt doch uff dem Chillifescht alles schmecka däd.

Wo's dann Obend worda isch, hent unsre Be-
schwerda langsam noochglassa. Au von dr
Gsichtsfarb her waret mir mit dene höllisch dackel-
hafte Chillis nimme zum vogleicha.

Ja und fascht wär au alles wieder in beschter Ord-
nung gwä, wenn net scho am nägschda Dag – jetzt,
wie soll i mi ausdrücka, wenn net am nägschda Dag
dr mexikanische Lernprozess nomol ganz hinter-
lischtich zuagschlaga hätt.

Doch wenichschtens wisset mir beide jetzt, Chilli sei
Dank, was mr unter „börn-out" voschteht…

* * *

Guter Rat

Fress, was ncibassl,
sauf, was de zwinga kannsch,
schiab nei, was geht,

aber sonscht hältsch dei Gosch!

Du kehrsch nie wieder

oder

ein schlimmer Arbeitsunfall

Mir waret doch des Traumpaar,
jetzt duad mei Herz so weh.
Jetzt bin i wieder ganz alloi,
noi, des isch nimme schee!

Mir zwei, mir hent doch zammakehrt,
oh i könnt bloß no blärra.
Du könntscht mi grad – mitsamt'm Dreck,
vom Boda zammascherra.

Du warsch mei Schätzle, warsch mein Schtern,
mir waret aus oim Holz
und dei Figürle wunderschö,
du warsch mei ganzer Schtolz.

Mir zwei hent immer sauber gmacht,
wie gschleckt, des derf mr saga,
und jetzt bisch mittadurch vokracht
und i bin wie erschlaga.

Mir hent doch immer zammakehrt,
du hasch de vor koim Dreck scheniert,
net vor dr kloinschta Ritza
und jetzet bleib i – ohne di,
mit'm ganza Sauschtall sitza.

Ja heit am hella Morga,
noi, des derf doch net sei,
do bisch mr oifach so voreckt
und i hab d'Sauerei.

Mei beschter Freind isch nimme do,
oh Leit, s'isch net zum fassa.
Er hat sich ohne oi „ade"
uff oimol falla lassa.

I schpür di no in meinra Hand
als wärsch mit vowachsa.
Oh ehrlich, wieso machsch au bloß
heit sotte dumme Faxa?

Voll Trauer schiab i jetzt dein Rescht
ins Ofatörle nei,
do drin derfsch oimol no für mi
Feuer und Flamme sei.

Dein Rauch schteigt hoch in Himmel nuff,
oh Herrgott, dua's gewähra
und lass mein Freind, des wünsch i mir,
au wenn's net nötich wär, bei dir –
im Himmel zammakehra!

*

nach einer Idee von Barbara Mast, Ludwigsburg
Künstlername: *Martha Schwämmle*

Rauchzeichen

Zähmet eure Angst, ihr Schweine,
schon färbt sich der Morgen rot.
Jeder ist am Schluss alleine,
nur noch kurz und ihr seid tot.

All den Kälbern, all den Lämmern,
selbst der Pute und dem Huhn,
muss es nun bald wieder dämmern:
Man kann nichts dagegen tun!

Die letzte Stunde hat geschlagen
und das Unheil naht mit Macht.
Ohne Mitleid und Bedauern
wird ein jedes umgebracht.

Gedenken wir den armen Würsten –
da liegen sie, so bleich und kühl.
Ihr Untergang macht uns zu Fürsten,
welch sonderbares Todesspiel.

All die schwachen kleinen Seelen
schweben wie im Rauch davon.
Uns jedoch soll dies nicht quälen –

es ist ja wieder Grillsaison…

Ois zu fünfazwanzich

oder

die Mischung macht's!

Und? Hand uffs Hirn! Wer hat heit am hella Morga net au scho sotte Noochrichta ghört, wo se oim zum Kaffee oi Schreckensmeldung nach dr ondra uff-tischet? Mr will um die Zeit eigentlich bloß sei Ruah, voträgt vielleicht höchschtens a paar Takte von de Kaschtelruter Schpatza und no kommet se oim so.

Wenichschtens morgens sottet se oim doch a guat gmischtes kopf- und magafreindliches Programm serviera! Vielleicht isch's sogar scho ebbern uff-gfalla, dass se in de öffentlich-rechtliche Haupt-noochrichta ganz am Schluss immer oi ognehme Noochricht bringet. Bloß, wenn scho fünfazwanzich Liadriche vorher komma sind, reißt's die oi halt au nimme raus.

Vor lauter Hiobsbotschafta schtellt's oim, sofern mr no welche hat, d'Hoor in'd Höh. Mr will gar nimme in seine Aktiakurs gugga oder gar mit Glischda in sein Hefezopf neibeißa. Bei dem, was mr jeden Dag hört und liest muass mr jo uff alles gfasst sei.

Ja, soweit isch's jetzt scho, dass mr sich dr ganze Dag voller Angscht und böser Vorohnung Gedanka drüber macha muass, was denn wohl wieder für a neie Sauerei uff oin zuakomma könnt.

Überhaupt „Gedanka" – mit dene Hirnwindunga vorenket mir uns scho viel zu oft unsern geploogta Meggel. Doch wenn mr sei oigene Moinung net ganz bei Feisbook und Konsorta abgeba will, muass mr sei vobliebenes Schtückle Reschthirn halt oschtrenga und sich selber uffs Laufende bringa. Bloß, wenn mr's dann duad, geht's oim hinterher mit seinra neua Erkenntnis au net besser.

Des fängt jo scho bei dr Altersvorsorge o. Alle Vosicherungsuffbabbler, wo im Grund nur unser Beschtes, also unser Geld wellet, machet oim Angscht, dass oim dr Diridari beim Eitritt ins Rentaalter nimme langa däd und wellet uns a Mischung aus Lebens- und Schterbevosicherung gleichzeitich uffschwätza. Mr sott sich, wenn's nach dene ging, scho mit fünfazwanzich Johr z'dod vosichern, dass mr koi Luft meh zum Schnaufa hat. Und desweg hent heit scho viele arme Ruheschtands-Exischtenzängschtler wega dr finanziella Vorsorge scho johrelang vorher finanzielle Sorga! Weil, wo nix isch, woher sollsch's nehma?

Mr kann grad so weitermacha, oi Schteuer-Ce-Dee und oi Krise jagt die nägscht. Doch zum guata Glück kann mr de allermeischte drvo sogar einigermaßa guat aus'm Weg geh. Wer zum Beischpiel nix schpart, braucht sich au koine Gedanka um dr Euro und ums Finanzamt macha. Wer koi Gschäft hat, braucht sich koin Kopf drum macha, dass'r sein Arbeitsplatz voliert. Als Zyniker und mit ra rechta Portion schwarzem Humor kommt mr heitzudag ganz schö weit.

Aber es kommt au hier, wie immer im Leba, uff die richtiche Mischung o. Und wenn's bei de Araber, bei de Griecha oder au uff Zypern oder sonschtwo a bissle rumort, no muass mr jo net ubedingt au no drzua nohocka und fährt eba mol für vierzehn Däg in Schwarzwald. Wer obadrei bei sich drhoim seine Rolläda hoch- und frische Luft reilässt, kann schnell feschtschtella, wie schö er's doch in seine oigene vier Wänd hat.

Bloß um oin Lebensbereich kommet mir alle net drumrum. Ob Männlein oder Weiblein, ob arm, ob reich, ob jung, ob alt – jeder von uns muass jeden Dag ebbes essa und ebbes drinka. Aber, und des isch jetzt des Problem: Was? Was soll mr denn heit überhaupt no essa und drinka? Koi Mensch weiß doch heit meh, wo sei däglichs Brot herkommt und was drin isch.

Dioxin in de Eier, Antibiotika im Fleisch, Ehec-Scheißdreck in de Schprossa, Schimmelgift und Altöl im Tierfuadr und als Gipfel dr Genüsse jetzt au no abghalfterte Renngäul in dr Lasanje!

Im Prinzip isch des alles ganz normal und däd koi Mensch schtöra, wenn se net alles so genau unter-suacha dädet. Dr Mensch hätt's doch viel leichter, wenn mr heit net jeden Fitzel und jedes Breggele im Labor prüfa und teschta däd. Seither hat mr doch sei Billich-Lasanje immer mit Hochgenuss gessa. Doch seit mr weiß, dass des Schächtele den großa Preis von Iffezheim gwonna hat, will's uns nimme recht schmecka. Ja des derf doch net wohr sei!

Ogeblich hat nie ebber gmerkt, dass von dene edle Rösser nirgends kois sei Gnadabrot kriagt hat, weil mir se halt selber längscht vorher gfressa hent. Mit oim Schtempel wird heitzudag aus ma altersschwacha Vollbluathengscht ums Numgugga a schtrammes Ochsaschwanzsüpple.

Guat, beim Ikea seine „Köttböller" hätt mr sich jo denka könna, dass mr, alloi scho vom Nama her, bei dene Böbbel gar net wissa will, was drin isch. Vomutlich sind desweg au die „Hotdog" die oinzigschte Lebensmittel, wo druff schteht, was drin isch.

Die Ehrlichkeit isch irgendwo zwischa Import und Export, zwischa Briaftasch und Hosasack oder ganz oifach zwischa Dauma und Zeigefinger hänga blieba. Aus „normal" isch „bio" worda, aus „ugschpritzt" „öko" und aus „gschäftstüchtich" „obergscheit". Je voschlungener die Weg zwischa Erzeuger und Vobraucher worda sind, je meh muass des Ende dr Nahrungskette mit dr Zeit halt au voschlinga!

Im Zeitalter der Globalisierung gibt's nix meh, was net meglich wär und desweg braucht mr sich au über nix meh wundern. Do muass oiner bloß a kloi bissle genauer gugga und scho lupft's oin Dokterhuat um dr onder.

Die Engländer zum Beischpiel hent sich zwar scho seit geraumer Zeit Gedanka drüber gmacht, warum se trotz Genuss von saftiche Rinderschteaks koi BSE meh kriaget, aber weil koiner dr Ursach uff'd Füaß, also uff'd Hufeise guggt hat, hat's alle gschmeckt.

Vor lauter Mauschelei und Mischerei könnt mr schier vozweifla. Aber komischerweis werdet d'Leit onnaweg immer älter! Unser Oma isch scho vor fuffzich Johr mit'm „Quickly" im Hüahnerschtall rumgfahra, mit uffbohrtem Osaugventil und oberfetter ois zu fünfazwanzich Mischung. Des war luschtich und mr hat sogar extra a Volksliadle über die patente Seniorin gschrieba. Folglich hättet die Eier domols nach de heitiche Untersuachungsmethoda s'reine Gift sei müassa. Do derf's oin scho Wunder nehma, dass mr bis heit überlebt hat. Aber früher hat mr vielleicht au no a bissle meh Zeit zum Essa ghett und sei Sach fünfazwanzichmol kaut, bevor mr oimol gschluckt hat.

Doch wenn heit so a rüschtiche Oma beim Wiesahof bloß oimol mit'm Bobbycar durch dr Schtall fahra däd, wär hinterher des Viechzeig ugenießbar und müasst direkt zu ma Voarbeitungsbetrieb nach Oschteuropa ausgführt werda.

Drbei wäret jo manche Sacha, wo se uns unterschiabet, gar net ugsund – aber mr sott's halt vorher wissa, was drin isch und für sich selber entscheida, ob mr's will oder net. A ehrliches Etikett wär doch des Mindeschte, uff was dr Vobraucher sich volassa könna sott. Wenn uff dr Gflügelwurscht zum Beischpiel „ois zu fünfazwanzich" druffschteh däd, wüsst mr sofort, dass uff oin Gaul eba fünfazwanzich und net bloß zwanzich Hüahner kommet. Des wär a saubere Sach und koiner däd sich irgendwelche Gedanka drüber macha. Aber jeder will oin über dr Tisch ziaga, jeder will an uns arme Schlucker immer no a bissle meh vodiena und immer wieder find sich wie von Zauberhand a neies Hintertürle, wo se oim a bissle Mischung eischenka könnet.

Es isch zwar längscht dr Renngaul, aber eba leider no net die gwünschte Ehrlichkeit bis in alle Dösla und Schächtela vordrunga. So wird heit aus'm voseggelta Vobraucher gezwungenermaßa an wiederbelebter Scherlock Holms, wo zum Lesa von dr Zuatatalischte a Vogrößerungsglas braucht und koim meh über dr Weg traut.

Wahrscheinlich gibt's eba fünfazwanzich uehrliche Meglichkeita, wie mr sei Geld vodiena kann und bloß oi ehrliche. Aber die isch bei der großa Auswahl halt schwer zum finda.

Sodele, jetzt sind mir erscht recht vousichert und wieder ganz am Ofang. Mir horchet Noochrichta, leset Zeitung und sind alle mitnonder scho ganz süchtich druff, dass hoffentlich au heit wieder ebbes Liadrichs uff dr Welt bassiert. Und wenn's uns net direkt selber vowischt, weiß mr doch, wie guat's oim geht. Wenn doch, kann mr des Denka ab sofort ruhich de bis dato überlebende Gäul überlassa – die hättet endlich wieder a neie Uffgab und schließlich au dr größere Meggel!

Wie alt wird ein Schtallhas?

Wichtige Fragen des Lebens –
kompetent beantwortet von Karle Geiger

Also, um glei uff dr Punkt zu komma: A Frog, und
wenn se no so blöd isch, setzt voraus, dass mr
ebbes net weiß. Und wirklich koiner, außer vielleicht
ein preisgekrönter Hasazüchter, könnt oim hier a
gscheite Auskunft druff geba. Deshalb nun im
Rahma der kloibäuerlicha Volksuffklärung glei die
Antwort:

Ein normaler Schtallhas wird in dr Regel vielleicht oi
Johr alt, im Oinzelfall au mol oinahalb – aber dann
kriagt'r schpäteschtens a Schtöckle ins Gnick. Ein
Schtallhas isch koi Kuschel-, sondern ein Nutztier
und nützt, wenn mr'n net metzeln däd, nix – außer
vielleicht zum Milchbüsch fressa. Des wär im Prin-
zip au net schlecht, aber vorher sott mr die Milch-
büsch au schtecha und hätt somit an haufa Gschäft,
was den Nutza wiederum in Frage schtella däd.

Däd mr, also bloß mol ognomma, seine Hasa net
schlachta und womeglich macha lassa, was se
wellet, no könnt mr sich in kürzeschter Zeit vor
lauter Noochwuchs und Rammlerei und glei druff
vor noch meh Noochwuchs und Rammlerei nimme
retta. Weil ein Schtallhas und bsonders, wenn's a
ganz normale Feld-, Wald- und Wiesamischung
isch, vomehrt sich praktisch wie ein Karnickel. Däd
mr die Viecher oifach weiterrammla lassa, no käm's

bei uns wie seinerzeit in Auschtralien, wo se d'Hasa eigschleppt hent, zu ra vierboinicha Bevölkerungs-explosion, wo oim alles wegfressa däd. So, und weil mr dort in dem ferna Auschtralien dermaßa schlech-te Erfahrunga gmacht hat, sottet mir net den gleicha Fehler macha. Desweg wandern unsre Schtallhasa net aus, sondern zur rechta Zeit in'd Kachel. Des isch vorbeigender Naturschutz und gleichzeitich au praktizierter Umweltschutz, weil dann net alles mit Hasaböbbel voschissa isch. Je nach Rezept isch ein Hasabroata sogar sauguat oder no besser!

Zwerghäsla jedoch, also solche, wo'd Kinder ihr Freid drmit hent, kommet in dr Regel net in'd Soß, weil erschtens wär des pädagogisch eher a bissle usensibel und zweitens däd mr au net recht satt drvo werda.

Jeder ondre Schtallhas, außer dene paar, wo mr zum Rammla und Vomehra braucht, wird also nach ma guata Johr relativ schmerzlos seim Zucht- und Lebenszweck bzw. -ende zuagführt und kriagt s'Fell über'd Ohra zoga. Im ondra Fall däd'r alt und zäh werda und des däd au koiner wella!

Mit herzlichen Grüßen
Ihr Ratgeber, Fachmo und Kloitierfreind

Karle Geiger

P.S.: Leckere Rezepte finden Sie im Hausfrauen-brevier *„Mein Häsle und ich"* von Luise Häärle

Naturbanausen

Hoch auf der Alb, in sanfter Brise,
da liegt die Orchideenwiese.
Dort sonnte sich ganz still und traut
voll Lebensmut ein Knabenkraut,
auf dass es lustig vor sich sprieße
auf eben der besagten Wiese.

Wie herrlich war es anzusehn
und auch vom Duft her angenehm.
Geschützt, schon von Gesetzes wegen –
vom Standort eher abgelegen.

Es wär auch alles so geblieben,
hätte der Wanderer vermieden
direkt daneben bald zu rasten
und die Idylle anzutasten.

Fast hätte dieser Lausebengel
geknickt den schönen Blütenstängel.
Zum Glück zertrat er nur ein Blatt,
da lag es nun ganz bleich und matt.

„Oh weh", denkt sich das arme Kraut,
„der Tag, der ist schon mal versaut.
Man hat vom Sinn her keine Spur
für all die Schönheit der Natur!"

Drei Wochen musste es sich schinden,
um diese Schmach zu überwinden.
Es mühte sich mit aller Kraft,
dann stand es wieder voller Pracht.

Doch leider kam der Biosphäre
ein Ziegabock bös in die Quere.
Mit einem Happs verschwand das Kraut
und war nach Stunden schon verdaut.

Hoch auf der Alb, in sanfter Brise,
da liegt die Orchideenwiese,
jedoch die Wandlung ist enorm,
seit kurzem jetzt in runder Form.

* * *

„Alle wellet se z'rück zur Natur –
bloß uff koin Fall z'Fuaß."

Der wackre Dichter

oder

der Karrieresprung

(sehr frei nach Uhland)

An Dichterfürscht, scho lang isch's her,
zog mit seim Pferdle kreiz und quer
durch jedes Schtädtle, jedes Gäu –
sei Tintafässle schtets drbei,
um uffzuschreiba und zu dichta
und künschtlerisch dann zu berichta,
wie hier im Land herrscht große Not
(viel Schtoiner gab's und wenich Brot).

Dr Mooscht war räs, dr Wei war trocka
und in dr Schüssel kaum no Brocka,
kurzum im Land war's wüascht und leer
und selbscht sein Gaul, der duad sich schwer.

Der Klepper war vom viela Laufa
scho halber hie, wollt nimme saufa,
doch unser braver Dichtersmo
bind sich des Tierle hintano
und ziagt des Viech, bald wie a Kalb,
bis Schtetta* nuff uff'd Schwäbsche Alb.

Dort in ma Schoofschtall find sich glei
a Wassertrögle und frisch's Heu
und in ma Schrank drnebadrum
fährt au no'n Breggel Rauchfleisch rum.

Stetten am kalten Markt

Uff oimol, schneller kannsch net gugga,
do drücket grad wie freche Mugga
bald fuffzich Älbler – heidanei
in Schtall rei mit ma Riesagschrei.

Mit Grottagiegser und mit Schtecka
dehnt die den arma Gaul voschrecka
und au den Dichter, wirklich wohr,
gfriert's durch und durch mitsamt de Hoor.

„Du Dagdiab und du Dundersblitz,
mir mähet in dr gröschta Hitz,
dass unsre Schäf – ja Menschenskinder,
au was zum fressa hent im Winter!

Und du drücksch oifach rei wie'd Kält,
friss'sch unser Zeig's weg, als hättsch's bschtellt.
Doch uff dr Alb, do hasch de gschnitta,
wird Selbschtbedienung halt net glitta!
Glei kriagsch von uns – mitsamt deim Gaul,
dr Ranza voll und ois uffs Maul!"

„Jetzt bloß nix Narret's guate Leit,
des isch doch gwieß koin Grund zum Schtreit.
Gell, für des Heu, drmit mr's schlichta,
will i euch koschtalos was dichta.

Und für des Rauchfleisch, jetzt, wie wär's,
schreib i euch no an bsondra Vers.
I schwör, do haut's euch von de Boiner,
weil so wie i, so dichtet koiner!"

„Wega mir." - „So könnt mr's macha." -
„I hätt gern a Gedicht zum Lacha." -

"Und mir schreibsch ois für'd Schwiegermuadr!" -
„*Und mir ois für mei Weib, des Luadr!"* -
„*Für'd Kindstauf schreibsch mr a paar Zeila!"* -
„*Und mir so ebbes Schö's zum Heula!"*

Fuffzich Vers, des war dr Preis,
dem Dichter wird's drbei ganz heiß,
denn unter Druck, des weiß a jeder,
do weigert sich's Babier und d'Feder
und s'kommt am End, oh welch ein Schrecka,
an rechta Scheiß raus, zum Vorecka.

Glei gibt'r, um den Vers zu teschta,
des erscht Gedicht scho mol zum Beschta.
Doch leider war's so fürchterlich,
so inhaltsleer und holperich,
so ohne Sinn und ohne Gfühl,
ganz ohne Reim und Musenschpiel.
Uff deitsch gsa, es war erdaliadrich
und eines Dichterfürscht' net würdich!

Die Älbler packt dr kalte Graus,
vor lauter Angscht schpringet se naus
und jeder moint, mr häb'm mitta
durchs Hirn mit'm Schwert hindurch geschnitta.

Die Älbler hent's bald rumvozählt,
dass oiner so die Landsleit quält
und wo der Könich dies vernomma,
lässt er den Dichter zua sich komma.

**„Sag an, mein edler Künschtler wert,
wer hat des Schreiba dir gelehrt?"**

„Des Dichta isch bei uns die Regel,
denn scho seit Uhland und seit Hegel
hent mir die Sach im Erbguat drin,
mir hent drfür den siebta Sinn!

Des Dichta isch bei uns im Schwang
von Pforzheim bis nach Nesselwang.
A jeder Satz hat Wucht und Feuer,
isch leidaschaftlich ugeheuer!

Ja, literarisch isch do eba
dr Goethe fascht'n Dreck drgega!
Von jedem Wort bisch halber hie,
des heißt mr *Schwaben-Poesie*.“

*

Do ruaft dr Könich: „**Horchet zua
und gebet mir sofort a Ruah!
Der Dichter, der do vor mir schteht,
des isch a Mords-Kapazidäd.**

**Drum pack i glei die Gunscht am Schopf
und schnapp mir diesen hella Kopf.
Ihr Älbler, Schluss mit euerm Gschnatter –
der Mo wird Hofberichterschtatter!**“

Globalisierung

> wenn uff deim argentinischa Rinderschteak d'Hoor wachset...

> wenn deine afrikonische Prinzessböhnla lummlet...

> wenn von deine chinesische Erdbeer d'Scheißerei kriagsch...

> wenn deine Äpfel aus Chile trotz aller Schpritzerei zum faula ofanget...

> wenn unser däglichs Brot scho die gröscht Weltreis hinter sich hat...

> wenn nimme druffschteht, was drin isch...

> wenn mr net mol meh weiß, wo ebbes her- kommt und die, wo's wissa sottet, au koin Durchblick meh hent...

> wenn du hinta und vorna bloß no bschissa wirsch...

> no isch's doch koi Wunder, wenn's rund geht uff dr ganza Welt – und sogar in oim drin...

Derf's a bissle meh sei?

Wie viel hättet se denn gern? Natürlich liaber meh wie z'wenich! Fünfazwanzich Brozent sottet mindeschtens drinliega. Gell und wie mr scho glernt hat, net bloß uff alles, wo koin Schtecker hat! Mir nehmet aber au gern fuffzich oder siebzich Brozent – doch am allerliabschta wär's uns eigentlich gschenkt. D'Hauptsach isch billich und je höher dr Noochlass isch, umso weniger soll dr Kunde denka.

Scho johrelang gibt's uglaubliche Wahnsinnspreisabschläg im Möbelhaus, im Elektrosupermarkt, im Modegschäft und sogar beim allgegawärticha Diskaunter, dass mr sich scho froga derf, wie viel mr eigentlich von ma Vokaufspreis runterlassa kann, ohne dass der am End naggich doschteht. In manche Häuser geht dr Eröffnungs- direkt in Räumungsrabatt über, zwischanei werdet au mol Umbau-, Sommer-, Winter- oder sonschtiche Phantasie-Rabätter zwischagschoba. Diese ganze Preisklopferei muass doch aber ganz hälinga vorher in dene uschlagbare Ogebot voschteckt sei, sonscht dädet jo die ganze Märkt an ihre rote Zahla voschticka.

Vielleicht sott mr als Vobraucher net ganz so kritisch sei, aber mr derf sich scho Gedanka drüber macha, wer denn am End den ganza großzügiga Rabatt zahla muass. Ganz so ueiganützich kann doch so a Preisschlacht net sei, wenn unterm Schtrich nix drbei hänga bleiba däd. Wer als Firma

ebbes zu voschenka hat – und uns drfür mit Vier-
farbblättla beugetweis d'Briafkäschta vollschtopft,
uns mit Werbeschpots im Radio oder sogar im
Fernseh dr Feierobend vosaut, der muass doch
guate Gründ haba, dass'r überhaupt so'n Riesa-
uffwand betreibt.

An der Schtell oifach mol als Beischpiel des aktuelle
Ogebot vom SubberMammutMegaXXLMöbelhaus:

... Schloofzimmer, Kernbuche-Noochbildung –
bisher 2999,-- jetzt nur noch 999,--

„Was", denkt sich bei so ma Knallerpreis jetzt jeder,
*„oifach gschwind nebaher zweitausend Euro
schpara?"* Und glei will mr saua und zuaschlaga.
Doch wenn mr sich dann des Ogebot a bissle
genauer oguggt, isch mr sich gar nimme so sicher,
ob des Mobiljar überhaupt mol den erscht gnannta
Preis koschtet hat, geschweige denn wert gwä isch.

Und dann geht's erscht richtich los: Dreitausend
Euro waret irgendwann mol sechstausend Mark.
Also praktisch vom Wert her doppelt so viel. Und für
die viertausend Mark, wo se oim jetzt noochlassa
wella, hätt mr vor a paar Johr au no ebbes Gscheits
kriagt. Ebbes für zweitausend Mark war domols
scho a Glump und hätt mr sich nie ogschafft. Doch
bloß, weil's oim mit Riesarabatt opriesa wird, müas-
set mir doch net heit den Gruscht kaufa, den se
seinerzeit scho net unter d'Leit bracht hent.

Aber s'geht no weiter. Von dene 999,-- Euro muass mr ugfähr zwanzich Brozent für'd Personalkoschta und für'd Vowaltung abziaga, grad so viel für Gebäude, Lager und Fuhrpark. Zehn Brozent für'd Werbung, natürlich neunzehn Brozent für'd Märchenschteuer und no'n Batza für sonschtiche Abgaba. D'Bank will für ihre laufende Kredit womeglich au no ebbes und die Eigatümer vom Möbelhaus haltet au kräftich ihre Händ uff.

Bis hierher hat vielleicht au no alles sei Richtichkeit, aber sott der Kerle, wo des Schloofzimmer irgendwann mol zammabäschtelt hat, net au ebbes für sei Gschäft kriaga? Von de ondre Vorlieferanta von dem Möbelbauer ganz zu schweiga.

Nach meiner Rechnung sind von dem Hammerpreis jetzt höchschtens no hundert Euro übrich und die langet dann meischtens net mol für'd Reklamation, wenn des billiche Glump zammagfalla isch. Also irgendebber muass doch jetzt drbei drufflega, dass so ebbes überhaupt meglich isch.

Als Erklärung isch mir jetzt dieser Broschpekt über diese uschlagbar günschtiche Orientteppich in'd Händ gfalla, mit dene se scho seit Johrzehnte von oinra Gschäftsuffgab in die nägscht schtürzet. Fascht wie in *„Tausendundoiner Nacht"* fliagt oim so a Teppichblättle all Furz lang ins Haus. Und immer isch in ganz große Buchschtaba des Wort *Insolvenz* abdruckt. Ja i glaub, des muass dr Schlüssel ins *„Sesam-öffne-dich"* sei – Insolvenz!

Vorne schaffet vierzich oder meh so ogschtellte Räuber, äh – Filialleiter wie vorückt und hinta hockt irgendwo dr Alibaba und schaufelt seine Schäfla ins Trockene. Ja, je vorückter mr's dann als Firma mit dr Rabattschlacht treibt, je schneller hopft mr von oim Konkürsle zum ondra.

Im Prinzip bleibt alles beim Alta. Uff'm Babier isch die oi Firma voreckt – uff'm gleicha Babier ändert sich die Rechtsform a bissle, die Köpf bleibet die gleiche und dr Rubel rollt oifach so weiter, wie wenn nix gwä wär. Und dr Oberguru, dr Alibaba und die ondre Schtrippaziager grinset sich ins Fäuschtle und reibet sich gleichzeitich Händ.

Jetzt von dene, wo drbei koin Grund zum Grinsa hent, hört mr nix. Die sind au meischtens so weit fort, dass mr se gar net höra däd. Die könnet sich bloß wehra, indem se ihre Pressschpanmöbelplättla und ihre Schräubla drzua no liadricher machet wie vorher.

Weiß irgendebber von uns heit no, wo'ner als treu gläubicher Kunde net vor lauter Rabatt bschissa wird? Wenn a Firma rein rechnerisch nimme vom Vokaufspreis leba kann, no macht's au Menge net. Und dr Kunde muass hinterher in seim Billich-Schloofzimmer schier an der Luft voschticka, wo se'm voher am uffbumpta Preis rausglassa hent.

Theoretisch müasst uns alle eileuchta, dass mr bloß ebbes Gscheits kriagt, wenn mr au ebbes drfür aus-geba will. Theoretisch! Doch genau in diese Vo-

schtandeslücke greift die massive Werbung wie in ein offenes Scheurator ei. Ja, es intressiert doch an echta Schnäpplesjäger einen Scheißdreck, dass ebbes Recht's au an wert haba muass, wenn mr's au um dr halbe Preis oder no billicher kriaga kann.

Und so sauet mir heit alle sonndagmorgens no vor'm Duscha schnell an Briafkaschta, drmit uns von dene bunte Werbebeilaga au jo kois naus geht. Es könnt jo irgendwann doch mol ebbes net bloß reduziert, sondern womeglich ganz umsonscht sei…

* * *

natürliche Eischränkunga

schlau,
ganz schlau,
ganz schlau sei,
ganz schlau sei wella,

aber net könna…

dr Noochzügler

So manches Kloikind bös voschrickt,
wenn's heit des Licht der Welt erblickt.
Egal o Mädle oder Bua –
gehn d'Eltern scho uff fuffzich zua,
no wird's net oifach, des schteht fescht
und's Kindle wird zum Härtetescht.

*

Grad uff dr letschte Drücker
kurz vor de Wechseljohr
(dr Vadder hat scho koine meh
und d'Muadr graue Hoor).

Die Gschwischter, die sind hoch erfreit:
„Ja muass denn so weit komma?
Viel liaber hätt mr do drfür
a kloines Hundle gnomma!"

Des gwohnte Leba isch vorbei,
koi Päusle und koi Ruah.
Jetzt isch des Kind dr Mittelpunkt,
ab jetzt geht's onderscht zua.

Ja, die geplante Urlaubsreisa,
die sind erscht mol vorbei,
denn jetzt heißt's wieder Windla wechsla,
heißt's Schoppele und Brei.

So war a ganze Weile
des Kind a rechter Schrecka
und ofangs – und des isch scho wohr,
au gwieß koi Zuckerschlecka.

Doch muass mr sich au richta
und läuft's net wie gedacht,
so hat a kloines Würmle
a Wunder oft vollbracht.

Es gibt a neie Wendung,
vohilft zum neia Blick
und bringt's au neie Pflichta,
wöllt koiner druff vozichta,

a Kind – isch's höchschte Glück!

* * *

„Au wenn sich dr Himmel über oim zammaziagt
und a Uwetter im Omarsch isch.
Au wenn's Hund und Katza hagla will,
sott mr doch ois net vogessa:

Bloß dem, wo Sonn im Herza trägt,
dem scheint au bei Nacht a Licht."

von heit uff morga...

...fliagt an Brocka vom Himmel und alles isch hie

...isch dei ganzes Gschpart's nix meh wert

...lupft's dr Deckel und s'Atom haut's oba naus

...isch's Wasser vosaut und d'Luft mit drzua

...will dr dein Roschtbroata nimme recht schmecka

...kommt dir an Falschfahrer entgega

...macht dei Herz nimme mit oder dei Leber

...sind wieder die ondre an dr Macht

...wirsch nach Schtrich und Fada voseggelt

...hasch dr Alzheimer und kennsch di nimme aus

* * *

Ja, wenn mr lang gnuag drüber noochdenkt,
was alles von heit uff morga bassiera könnt,
uff oin Schlag, von jetzt uff noochher,
no wär's vielleicht am End gar net des Dümmschte,
wenn mr a bissle Alzheimer hätt.

Stoßgebet eines jungen Vaters

Um frisch geback'ne Vaterfreuda
derf mr doch jeden Mo beneida
und Vater sei isch außerdem,
überhaupt net uognehm.
Vor Glück könnt' mr die Welt umschlinga
und jedes Hindernis bezwinga.

Mr schwebt in uerreichte Sphära
und derf mit Fug und Recht erklära:
Des Leba fängt, als neuer Mo,
erscht mit dem *Vaterwerda* o.

Hilfsbereit und uentbehrlich –
Vater sei isch ja so herrlich.
Liedle singa, Fläschle geba,
sachte bald in'd Wiege lega
und au nachts, ganz ohne Klaga,
uffschteh und die Laschta traga.

An Schloof isch leider net zu denka
(a Kindle kann dir so viel schenka).
Isch au dr Erdabürger kloi,
so fällt'm alladritt was ei.
Uff uschuldsvoll gemeine Weise,
do wird gebrüllt – und gar net leise.

Schtellt sich dr Mo in seinra Not
scho halb erschlaga bissle dod,
will sich mit Gwalt sein Schloof erzwinga
und schtörungsfrei die Nacht vobringa,

so hilft die Frau ihm – isch des mies,
mit feschtem Tritt glei uff sei Füaß.

Die Temp'ratur der Fläschlesnahrung
lernt mr durch leidige Erfahrung.
Im Schloofozug wird's fröschtelnd kälter,
im Nu wird mr um Jahre älter.

Doch Elend, s'kommt erscht richtich toll,
hat so ein Kind die Windla voll.
Selbscht Subbermänner hört mr klaga
und oft am *Vatersei* vozaga.

Mr ahnt scho dicke schwere Dämpf,
schpürt gar die erschte Atemkrämpf,
sieht sich vozweifelt überwinda
im tiefschta Graua scho vosinka.

Dem arma Mo wird's Angscht und Bang,
er wünscht sich Ärm, grad doppelt lang
und klemmt sich, schützend gega Gas,
a Wäscheklammer uff sei Nas.

Kurz vor dr Ohnmacht, bleich und fahl,
wird *Vaterluscht* zur *Vaterqual.*
Es fällt uff Knia dr schtärkschte Mo
und ruaft voll Not dr Himmel o:

„Ach Herr, komm bitte schteh mr bei.
Oh bitte – lass es Pippi sei!“

dr langsame Abschied

Noi ehrlich, isch des net zum Heula,
net ois will meh bei mir voweila.
Sie dehnt mir's nooch und nooch vodrießa
und wellet oifach nimme schprießa.

Immer dünner, immer lichter,
ja sapperlott, schier kriag i Gichter,
von mir aus dürftet se gern bleiba,
weil i will wirklich kois votreiba.

Trotz teure Pilla und Tinktura
sieht mr allmählich bloß no Schpura.
Scho fröschtelt's oin am kahla Meggel –
dei Geld bisch los und doch dr Seggel!

A jedes Oinzle duad mr pflega,
schträubt sich mit aller Gwalt drgega.
Am End isch all dei Müh für'd Katz,
bisch kämmt und bürscht –
und hasch a Glatz!

* * *

*„Was mr net biaga kann,
sott mr net brecha wella.“*

Wege zur Kunscht

oder

die kulturellen Folgen der Evolution

„Du Baba, mir gehet doch nägscht Woch mit dr Klass in'd Kunschthalle nach Karlsruh. Derf i di do ebbes froga?"

„Was? Zu de Gelbfüaßler? Ja gibt's denn bei uns drhoim net gnuag Kunscht, dass mr drfür scho ins Ausland muass? S'fährt doch heit an jedem Eck so neimodisch's Glump rum!"

„Baba, des kannsch du natürlich net wissa. Do in Karlsruh, do gibt's a Ausschtellung, die heißt *„boys und görls"* und do geht's um die Jugend und so und mir sollet unsre Eltern froga, ob se do drüber ebbes wissa dädet. Aber do bin i mir bei dir net so sicher…"

„Was isch los? I däd nix von dr Jugend wissa? I bin au mol jung gwä, sogar jünger wie du denksch!"

„Was? Und i hab scho Angscht ghett, du wärsch seinerzeit scho altbacket uff'd Welt komma."

„Willsch glei a paar an'd Löffel?"

„Vadder, jetzt mol Ernscht beiseite. Bisch du selber scho mol dort gwä? Dr Lehrer hat gmoint, mir sollet uns vorher a bissle drüber informiera."

„Kunschthalle – ha des glaubsch aber! Do kenn i mi fei beschtens aus! Wo isch die glei nomol?"

„Hab i doch gsa! In Karlsruh, in dr Näh vom Schlossplatz!"

„Schlossplatz – natürlich, des isch sozusaga mei zweite Hoimat. Also do fahret ihr am beschta mit dr Schtadtboh und schteiget am Marktplatz aus. Wenn ihr an Gruppafahrschei holet, wird's billicher. Glei an dr Halteschtell isch a Eiskaffee, do könnet'r Pause macha."

„Mir wellet doch aber koi Eis schlecka, sondern in'd Kunschthalle und unser Lehrer wird scho wissa, wie mr dort nokommt."

„Ja dein Lehrer, der weiß viel, aber in Karlsruh kennt der sich beschtimmt net aus! Also, ihr haltet euch am Marktplatz erscht links, also von mir aus gseh und dann rechts gradaus und glei wieder links und…"

„Sag mol, voschtehsch du heit koi deitsch? I will von dir ebbes über die Kunschthalle wissa und net dr Weg, wie mr dortno kommt!"

„Scho klar, i bin jo net doof. Also Kunscht… des

isch praktisch dr Überbegriff von allem, also von alle Kunschtwerk, was Künschtler so machet. Die Kunscht als solche isch schwer zu erklära… scho alloi wega dr künschtlerischa Freiheit. Gell und die schteht bei uns scho im Grundgesetz – und des isch net leicht zu fassa… weil jeder unter Kunscht halt… sozusaga... do voschtehsch du sowieso nix drvo… und obadrei isch's meischtens au sauteuer und koiner weiß warum und…"

„Vadder! Du schwätzsch vielleicht einen seltena Scheißdreck raus! I will nix über die Kunscht wissa und au nix vom Grundgesetz! I brauch Infos über die Karlsruher Kunschthalle!"

„Ja hättsch des net glei saga könna? Oh, ihr lernet in dr Schual au nix Recht's meh! Also, die Halle, die sogenannte Kunschthalle in Karlsruh, ganz in dr Näh vom Schlossplatz… Ausschtieg uff dr linka Seita. Und ihr wellet wirklich koi Eis? Des gibt's doch net!"

„Noi, mir hent koin Hunger – mir wellet Kunscht!!"

„Siehsch, wenn'd ihr Hunger hättet, wär's in dr Markthalle in Schtuagert oifacher. Do kriagsch du alles, vom Rauchfleischweckle über dr Gaisburger Marsch bis zum…"

„Mir gehn aber net nach Schtuagert zum dr Ranza vollschlaga, sondern ins Eiskaffee – quatsch – nach Karlsruh!"

„Ja, früher hat mr no Rücksicht uff seine Schüler gnomma. Und du kannsch mir net vozähla, dass Kinder in deim Alter koin Glischta hättet. Von ma bissle Kunscht werdet ihr doch net satt!"

„Also i glaub, in der Zeit, wo bei dir früher in dr Schual des Fach „Bildung" drokomma isch, hasch du dir grad an Leberkäsweck gholt."

„Kerle, frech werda brauchsch fei net! Sei froh, dass du an Vadder hasch, den'd ebbes froga kannsch."

„Letschter Vosuach. Weisch du jetzt ebbes über die Kunschthalle oder muass i's wieder guugla?"

„Ja du Rotzbua! Moinsch du vielleicht, dein Vadder wär uff dr Brotsupp doherkomma? I war scho in dr Kunschthalle, do hat dei Muadr no net mol gwisst, ob se mich überhaupt kennalerna will!"

„Kann i guat voschteh."

„Also, wenn i net genau wüsst, dass du mein Bua bisch, könnt mr moina, sie hättet dich von de Behm gschüttelt! Aber du kriagsch mi heit net kloi! Du sollsch dich wundern, was dein Vadder alles weiß!

„Mi wundert gar nix meh."

„Horch zua! Kunschthalle! Des isch ein ba-
disches Gebeide in Karlsruhe, welches für
Kunscht sowie auch während der Öffnungszeita
für boys und görls geöffnet isch... wohin au
Schüler von ausländischen Landesteilen kom-
men dürfen, die wo koinen Hunger hent und koi
Eis schlotzen wellen... und mit der Schtadtbahn
zu erreichen ischt."

„Subber Vadder! Des isch jetzt mol a Antwort.
Genau so schreib i des jetzt uff!"

„Siehsch Bua und wieder hasch ebbes glernt!"

„I glaub, mein Bio-Lehrer hat scho recht, wenn'r
secht, dass dr Mensch vom Affa abschtamma däd."

„Ja du Saukerle! Was soll'n des heißa „vom
Affa"? Du vielleicht – aber i net!"

* * *

gscheit
obergscheit
saugscheit
mordsmäßich gscheit –

gscheitert!

glückliche Sklaven

Kopf nach unta, schtarrer Blick
und drbei mit viel Geschick
nuff und nunder, kreuz und quer,
mit de Finger hin und her,
abgetscheckt und eigetippt,
oft genervt und ausgeflippt.

Sind scho alle Freinde da?
(s'reicht a kurzes bla-bla-bla)
Inhalt isch doch Nebasach,
Moinungsaustausch kurz und flach.
S'Leba wird zum Luftballo
dank Subber-Hightech-Telefo.

In deim Hirn wird's täglich bunter,
denn durch des Elektronik-Wunder,
wo all Furz lang piepst und funkt
fühlsch du dich als Mittelpunkt,
um den sich glei alles dreht –
aus Wunsch wird schnell Realidäd.
Du flattersch wie an eitler Gimpel
und bisch doch bloß an Händy-Simpel.

Des teure Schpielzeig wird zum Muss,
bloß ab und zua kommt's zum Vodruss.
Geldvoluscht beim s*martphone-schobbing*,
den konterscht du mit *cyber-mobbing*.
Ugehemmt und uscheniert
wird voseggelt, denunziert.

S'bleibt jo so herrlich folgalos,
s'vo"*apple*" geht jo net in'd Hos.

Doch wehe, s'wird mol öffentlich,
was du im Netz für'n Seggel bisch.
Ums Numgugga hasch's dann voschissa
und wirsch im *schitschtorm* glei vorissa.
Ruckzuck geht dann dr Dauma nunder –
„*gefällt mir nicht*" mecht dich zur Flunder.
Erscht Freindes- und dann Netzentzug
dank digitalem Selbschtbetrug.

Vielleicht in zehn, in fuffzehn Johr
frisst dich des Netz mit Haut und Hoor,
bisch ois von zigmilliona Rädla,
hängsch wie'n Hampelmann am Fädle.
Du ziagsch net selber, du wirsch zoga,
wirsch fremdgeschteuert und voboga.

Doch onnaweg isch's wunderbar,
du fühlsch di wie dr Subberschtar,
bisch zwar dr allergröschte Depp,
doch oiner mit dr neischta Äpp…

* * *

Bei manche dauert's net so lang,
des sieht mr am gebeigta Gang.
Des sind die digitale Knecht,
oh Leit, so langsam wird mir's schlecht.

Süaßes oder Saures?

Lebt jemand mit nordmännischer Vowandtschaft unter uns? Hat jemand an Schtammbaum mit zweiahalbtausend Johr alte keltische Wurzla? Hält sich wenichschtens irgendebber an irischa Setterhund? Wenn ja, no könnt mr's vielleicht grad no durchgeh lassa. Aber wehe, wenn net, no sott mr mol so richtich dr Rauch neilassa dürfa!

Hälloweenscheißdreck! Überall im Land mecht sich scho seit einige Johr diese Usitte breit, seine Mitmenscha am 31. Oktober in Dod nei voschrecka zu wella. Des derf doch net wohr sei!
Als Zombie oder Menschafresser vokleidet machet sich ansonscht eigentlich intelligente Kinder und Leit mit ihre saublöde Schprüch uff dr Weg:
„Süaßes oder Saures! Huhuhuhu!" – Ja von mir aus! Saures! Huhuhuhu! Und des ordentlich!

S'isch doch aber au wohr! Kinder, wo drhoim s'Gsicht vozieaget, wenn'd Mama vom Metzger mol a Zipfele Bluatwurscht mit hoimbracht hat, die wellet als Dracula-Wiedergeburt uschuldiche Leit voäppla. Saures und zwar links und rechts an'd Backa no! Die sollet doch erscht mol selber an Schtallhas metzla, bevor se sich über dr Dod luschtich machet.

Wo de noguggsch, überall hänget Ende Oktober bloß no Geischter, abgschlagene Körperteil und Skelett in de Schaufenschter rum. Sogar beim

Bäcker hent se jetzt scho mit Erdbeersoß gfüllte Liebesknocha als „Kannibala-Schleckerla" im Ogebot. Dr Edeka hält mit köpfte Gartazwerg drgega und selbscht beim Frisör hent se bluatiche Blaschtichöhrla als schauriche Schtreudeko im Schaufenschter liega. Des war jo klar, dass do dr Metzger net zrückschtecka gwellt hat und ganz schnell seine bleiche Knackwürscht zu „Frankensteins Leichafinger" umtituliert hat.

Drbei hat dieser ehemols keltische Brauch gar nix mit Knackwürscht zum do, au net mit Erdbeersoß. So ebbes Guats hat der alte Volksschtamm domols no gar net kennt. Der eigentliche Urschprung für diesen neimodischa Firlefanz liegt aber net im Hälloween-Sonderogebot vom Aldi, sondern im keltischa Neujahrsfescht, des vor zweiahalbtausend Johr eba um die Zeit Ende Oktober gfeiert worda isch. An dem Dag sind die Lebende und die Tote zammakomma und die Lebende hent sich vokleida müassa, dass se von de Tote net erkannt und hinterher mit ins Totenreich gschleift worda wäret. Also nix mit Kürbis, Klingelbutzerei, Knackwürscht und Zombiedreck!

Den gschnitzta Kürbis hent se uns von Amerika eigschleppt. Des mit dr Bitte um Schleckwar isch von ma alta chrischtlicha Brauch an Allerseela übernomma worda, wo mr um „Träublesbrot" bettelt hat. Z'letschta kommt des mit dem Rüabageischt von ma bsoffena irischa Kerle, den dr Deifel net in'd Höll neiglassa hat. Damit der arme Alkoholiker aber doch sein Weg durch die dunkle Welt find, hat'r dem

ERNA SAUER
REINER ESSIG

sicherheitshalber a paar glühende Kohla in a ausghöhlte Fuadrrüaba neiglegt.

Doch von so historisch belegte Tatsacha will heit koiner meh ebbes wissa. Wissaschaftlicher Hintergrund und uraltes Brauchtum geht im moderna Konsumwahn vollschtändich unter.

Bei uns im Obendland isch's heit gschichtlich gseh längscht krappanacht! Mir schlupfet liaber in a billichs Gruselkoschtümle nei, schwitzet uns in so ma Kunschtfaserglump oiner ab, schellet nachts bei de Leit, voziaget s'Gsicht und moinet, dass sich ebber bei unsra lächerlicha Erscheinung in'd Hos macha däd. Ja wie blöd kann dr Mensch sei!

Und dann wellet se no ebbes zum Schlecka und wenn se nix kriaget, no gäb's Saures. Aber sie wellet fei koin Gruscht! Es muass scho ebbes Rechts wie a Täfele Schoklad oder a ganze Packung Keks sei. Mit oim Ripple oder ma halba Doppelkeks gibt sich koiner zfrieda. Und wenn mr die Kinder frogt, ob se denn überhaupt wissa dädet, warum se um die Uhrzeit in der lächerlicha Vokleidung dr Hausfrieda störet und an Erpressungsvosuach unternehmet, no hent se koin blassa Schimmer. So ebbes däd im Unterricht net drokomma.

Noi, i bin drgega, dass mr so'n Blödsinn bei uns au no hochhalta muass. Wenn bei mir ebber schellt und sei dümmliche Forderung nach Süaßem oder Saurem schtellt, no kann'r sich uff Schtruhtsaures gfasst macha! I schtell mir extra für den Dag immer

a Kischtle von meine Bittafelder Äpfel in dr
Hausgang. Die sind von dr Farb her wunderbar
gelb, bringet sozusaga Farb in die dunkle
Johreszeit, hent aber an Gschmack, so sauer, dass
dr's Unterhos mitsamt'm Zombiekoschtüm
ugschtreift hintanei ziagt. Wer do scho mol neibissa
hat, der überlegt sich's zweimol, ob'r im nägschta
Johr nomol an meinra Haustür schellt.

* * *

Genetik?

➤   a freche Gosch hent se

➤   alles wellet se besser wissa

➤   sich ebbes saga lassa scho glei gar net

➤   abhänga, d'Schual schwänza

➤   mit de Motorrädla Krach macha

➤   uff jedem Feschtle und jedra Party hocka

➤   bloß no s'Vognüga im Sinn

➤   alladritt uffmucka und die Alte ärgern

Ja, so sind se, die Junge! –
      Wo se des bloß her hent?

grüne Welle

Mittadrin isch se gwä – d'Grüaolag. Mit Büsch und Behm, Durchfahrtsvobot und Blüamla nach Saison. Zwischadrin zum Voweila a paar diebschtahlsicher voschraubte Kunschtwerk. Bänkla sind au do gwä zum Abschalta und d'Füaß baumla lassa. Von dr Volksbank oder vom „Elektro-Maier" und von viele ondre gschtiftet. Alle Wohltäter waret an ma kloina Messingschildle zu erkenna. Doch als Bürger hat mr überall druffsitza dürfa, au wenn mr net Kunde gwä isch. Aus Yällow-Balu oder Tiek waret se, erscht-klassisches Hartholz – zertifiziert, ansonschta klassalos. Bolitisch korrekt hat mr sich als Sozi uff a CDU-Bank hocka dürfa und hat au als Grüaner uff dr „Südchemie" koine Gschwürla ans Hinterteil kriagt. Die Olag war für alle Bürger dr neie Orts-mittelpunkt. Mit Ballschpielvobot, elektrozaun-gsicherte Rasaflächa, Hundshaufa-Blaschtich-gugga-Schtation, mit Überwachungskamera und vozinkte Abfallkörb.

Jetzt, wo se dr Bauhof personalmäßich rationalisiert hent, wird aber bloß no zweimol im Johr gmulcht. Die Olag samt de Schtaudarabatte wächst langsam zua. Blüamla hat scho lang koiner meh neighockt. Dr Elektrozau und die Kamera hent se abgschalta. Die grüane Insel sei zum Koschtafaktor worda – saget se.

So macht sich langsam s'Ukraut breit, kommet d'Maulwürf uff ihre Koschta und drücket sich scho die erschte d'Tschankies im Gschtrüpp rum und sich ebbes nei. D'Natur und d'Leit leget sich mit dr Olag o. An de Kunschtwerk hent se sich scho mit de Schpraydosa ausglassa und beim Amor s'Gmäch mit roter Farb voschmiert.

A paar Alte hocket immer no uff'm Bänkle, gugged rum, suachet zwischem Wildwuchs nach ma letschta Blüamle, schüttlet dr Kopf, reget sich uff und kommet wieder zur Erkenntnis, dass früher alles besser gwä isch. Dann lasset se dr Hund scheißa.

Weil sich aber irgend so an Schtreithansel und Fruschtbürger bei dr Vowaltung über die Zuschtänd in dr Grüaolag beschwert hat, isch dr Vorgang jetzt im Gmeinderat uff'd Tagesordnung komma. Ja und des war a klare Sach und außerdem oischtimmich!

Der grüane Schandfleck bleibt so wie'r isch, aber ab sofort kommt a neues Schildle an dr Zugangsweg. Jetzt heißt's: „Gemeindebiotop" – und scho basst's wieder...

Pfadfinder

Neba de große Schtrooßa
lieget die kloine Weg –
oft schtoinich, beschwerlich,
oft schwer zum finda.

Es sind net die schnellschte Weg,
denn dort wird net g'rast.
Uff solche Weg hat Zeit und Entfernung
no greifbara Wert.
Uff sotte Weg hat mr au mol Zeit
zum Innehalta und zum Nebanausgugga.

Do geht's Schritt um Schritt,
ab und zua au mol hintersche oder im Kreis rum.
Mr kommt au dort an sei Ziel,
aber des isch vielleicht a ganz onderes,
als wie mr denkt hat.
Oder dort gibt's gar kois,
denn des Ziel isch alloi dr Weg,
uff dem mr bei sich selber okommt…

*

Uff de große Schtrooßa schlägt dr Puls,
aber uff de kloine Weg liegt's Leba.

knapp bei Kasse

Wenn se oin scho morgens schtressa,
Bluatdruck prüfa, Fieber messa –
frogt oine: *„Hent se Schtuahlgang ghett?"*,
knallet d'Türa, quietscht dei Bett,
fühlsch di elend und schachmatt,
wirsch vom Essa net recht satt,
wölltscht am liabschta heit no raus –
ja, no bisch im Krankahaus.

Dicke Luft im Dreibettzimmer,
oiner furzt, doch no viel schlimmer,
wirsch du morgens nimme munter,
isch beschtimmt n'Schnarcher drunter.

Kriagsch koin Schnaps und au koi Bier,
wenn's liadrich kommt kriagsch a Klischtier.
Schtatt Hausmannskoscht gibt's Eilaufsupp,
salzarm – ohne Sahneblubb.
Du hättsch gern Pommes, heiß und fett,
doch halt, des zahlt die Kasse net!

Net oi Viertel derfsch dr bschtella,
brauchsch au sonscht glei gar nix wella,
so langsam gehn dr d'Lichter aus –
so geht's halt zua im Krankahaus.

Privatpatienta hent jetzt immer
dr Chefarzt und a Oinzelzimmer.
Sie moinet no es ging'n besser –
vielleicht nimmt mr a schärfer's Messer?

Ansonschta geht'sn durchaus ähnlich,
sie zahlet sich bloß dumm und dämlich.

*

S'lässt sich womeglich net vomeida,
dass se dir au am Leib rumschneida
und liagsch dann scho in Vollnarkos,
geht scho mol ebbes arg in'd Hos.

Dein Blinddarm isch no eiwandfrei?
Egal, der fliagt ganz nebabei
mitsamt'm ondra Bettel raus!
(Zu was bisch du im Krankahaus?)

Dr Luagabeitel, der bleibt drin,
des macht au medizinisch Sinn,
denn nervt oin des Organ au richtich,
so isch's vomutlich lebenswichtich.

Mit Pilla, Salba, Infusiona,
mit Schpritza und Diätrationa
fühlsch di bald elend wie'n Hund,
doch ogeblich bisch wieder gsund.

Wirsch nach paar Däg, isch des zum fassa,
zwar halber hie, doch scho entlassa.
Gern wär mr no a bissle blieba,
vom Zuaschtand her net übertrieba,
doch Sonderschicht im Krankabett,
des zahlt halt mol die Kasse net.

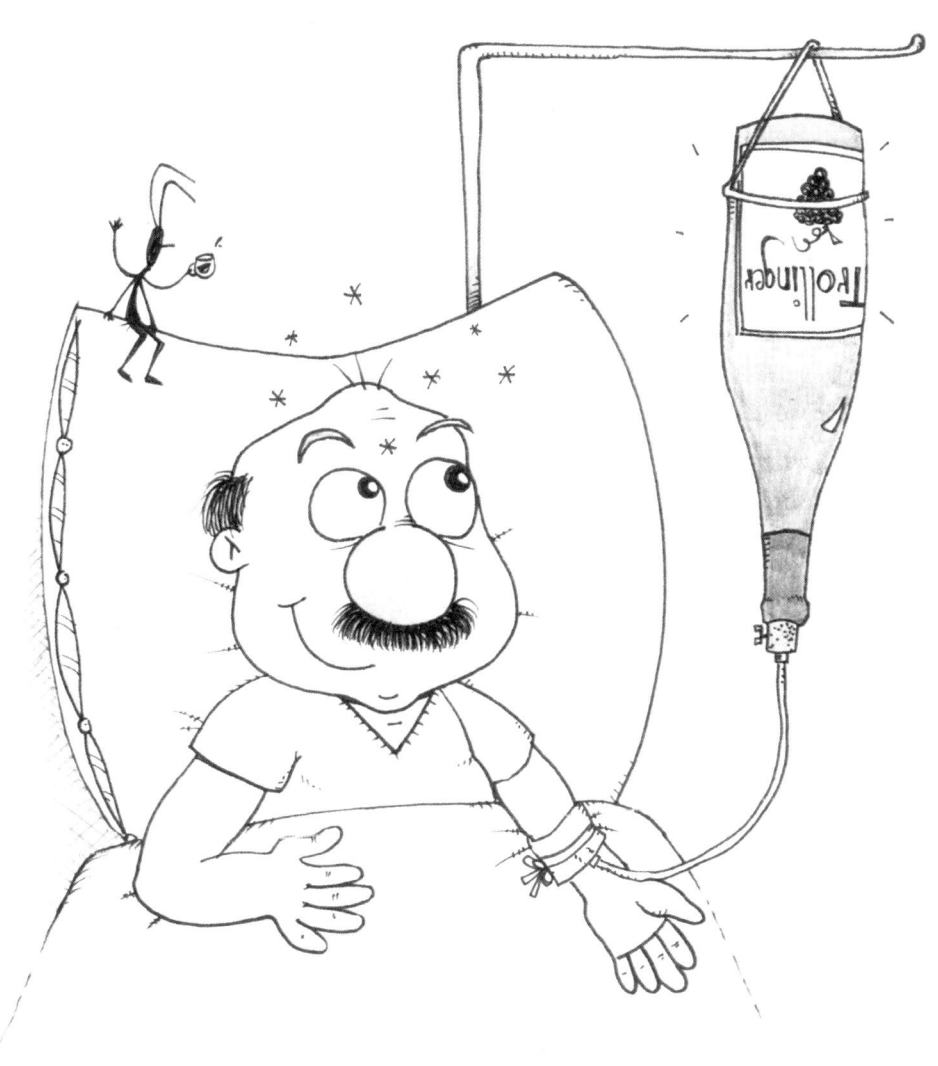

Du schleppsch di hoim mit Müh und Not,
vom Gfühl her eigentlich fascht dod.
Mit letschter Kraft sollsch dann probiera,
di selber vollends zu kuriera.
Wenn's schaffsch hasch Glück,
wenn net, isch's aus –

a dreifach Hoch uffs Krankahaus!

* * *

ehrlich

Voller Freude sagt der stolze Vater nach der Geburt
seines Sohnes zur Hebamme:

**„Ja moinet Sie net au, dass des Büable ganz
nach seim Vadder kommt?"**

Darauf die Hebamme trocken:

„S'gibt Schlimmer's – Hauptsach, er isch gsund."

Selbschtheilungskräfte

Wenn im November feucht und nass
dr Nebel hängt in jedra Gass,
sich s'letschte Laub im Kandel sammelt
und oim scho s'Nasatröpfle bammelt.

Wenn's oim ganz klamm wird innadrin
und trüab dr Himmel und dr Sinn,
dann braucht's halt wirklich nimme viel
und s'Elend hat leichtes Schpiel.

Ubekannte Schnupfavira
findet jetzet offne Türa,
zwinget au dr schtärkschte Mo
nunder, dass'r nimme ko.

Und bei ma Mo, do isch scho immer –
halt wenn'r kränkelt alles schlimmer!
Er schtirbt schier und isch gleivoll hie,
so liadrich, noi, so war's noch nie!

Ja, weil er als Privatpatient
sich die Behandlung leischta könnt,
muass jetzt dr Arzt her uff dr Schtell
und d'Krankaschweschter meglichscht schnell.
Die soll sei armes Händle heba,
weil sonscht däd er's net überleba.

Und sott die ärztlich Kunscht missglücka,
no muass mr nach'm Pfarrer schicka!

Doch nach ra Schtund, mr sott's net glauba,
macht der dr Schweschter schöne Auga.
Sie dürft, so duad er sachte schtupfa,
von ihm aus gern mol zua'm schlupfa.

Des war doch wirklich net zu fassa,
mr sott die Männer schterba lassa!
Denn kaum kommt mr zum Händle heba,
dabbt oiner scho mol voll drneba.

Uglaublich, bloß mit leichtem Fieber,
schnappt dieser Kerle plötzlich nüber.
Dr Virus rüttelt am Voschtand,
ja Himmel-Schtuagert-Heimatland!

Die Krankaschweschter haut dem Mo
jetzt oine fescht an'd Backa no:
„Die Medizin, die geht uffs Haus,
die gibt's rezeptfrei und gradraus!"

Und sie beschwert sich obadrei
no bei dr Ehegattin glei:
„Der Dackel do, der treibt mir's z'bunt,
der isch net krank – der isch scho z'gsund!"

Die Tor macht weit…

oder

Advent im Altenheim

Personen: Ein Reporter (mit Mikrofon)
            Ein Altenheimbewohner

* * *

Oh je, des derf doch net wohr sei! Net scho wieder oiner, wo singa will! I halt's nimme aus!

Aber noi! I will doch net singa! I komm von dr hiesicha Zeitung und däd gern an Bericht über die schöne besinnliche Adventszeit hier im Altenheim „Zur stillen Ruh" schreiba.

Schtille Ruah! I glaub's jo glei! Seit Wocha geht's bei uns im Heim zua wie im Taubaschlag. Do isch scho längscht aus mit besinnlich!

Bitte? Wie moinet Sie denn des?

Ha des kann i Ihne saga. Seit Wocha rennet se uns hier im Heim sämtliche Türa ei und wellet mit Gwalt Ruhe und Besinnung reidrücka.

Aber des isch doch ebbes Schönes?

Was soll denn do schö drbei sei, wenn oim scho morgens noch vor'm Kaffeedrinka d'Jagdhornbläser mit „Die Sau isch dod" dr Dag vosauet?

Ja, ähm, aber die wellet doch bloß des Beschte...

Genau so isch's! Aber so leicht lasset mir Alte uns net ums Eck bringa! Und kaum sind die fertich, no schtopft uns dr Landfrauavoroi trotz hefticher Gegawehr ihr furztrockenes selberbackenes Hutzelbrot in'd Gosch und schpielt wieder des Schtück von dr Weihnachtsmaus, wo se jedes Johr spielet.

Nun, äh, dann wird's jo bei Ihne im Heim net langweilich.

Was? Net langweilich, wenn mr sich scho fuffzehn Johr dr gleiche Sketch ogugga muass?

Guat, vielleicht sind jo a paar von de Heimbewohner scho a kloi bissle dement oder so und merket's nimme.

Von wega dement! Mir saget bloß nix! Sonscht übet die ebbes Neis ei – und des dauert dann no länger.

S'isch doch aber schö, wenn sich jeder Müh gibt, um die alte Leit zu beglücka.

Do hent se Recht! Die schtrenget sich richtich o. Desweg hent mir des Johr extra dr Eigangsbereich mit Schtacheldrooht gsichert und die Schtahltür vom Nebaeigang zuagschweißt. Aber die Saukrüppel von dr Flötagruppe hent uffgrüschtet und desmol an großa Bolzaschneider mitbracht. Dieses Gepfiffel, noi, des isch kaum no zum ertraga. Jedesmol könnet mir unsre Hörgerät zum frisch Eischtella fortbringa lassa.

Was? Mit Schtacheldrooht und Schweißgerät?

Ja und mit Schmierseif in dr Tiefgarasch! Oder sollet mir vielleicht wieder mit unsre Rollator d'Zuafahrtsschtrooß blockiera? Do hent se uns doch letschtes Johr beim Durchbruchsvosuach die Hälft zammadrückt.

Aber Sie könnet doch net oifach…

Und ob mir könnet! Seit dr Judoclub samt Chrischtkindle im Schutz dr Dunkelheit in dr große Schpeisesaal eidrunga isch und wieder die selberbaschtelte weihnachtliche Engeles-Schtaubfänger hat voteila wella, hent mir zur Gegawehr übergeh müassa.

Um Himmels willa! Gegawehr? Wie moinet Sie denn des? Sie sottet sich doch freua, wenn so viele liebe Mitmenscha an Sie denket.

Ja, hä, dene denkt's no lang, bis se ihre Schrotkügela wieder aus'm Hinterteil rauszoga hent.

Ja saget Se bloß, dass Sie uff die Bsuacher gschossa hent und des arme Chrischtkindle jetzt womeglich Blei im Arsch hat? Des isch jo scho fascht kriminell!

Genau! Kriminell! Als Hausmeischter vokleidet isch dr Gemeindediakon bis zur Hauskapelle vordrunga und hat uns wieder aus dem Gedichtband „Hörst du, wie die Engel singen" vorlesa wella.

Wie schön…

Ja, des hat der sich au denkt. Aber mit ma gezielta Schlag mittels Gehschtock in'd Kniakehla hent mr des grad no vohindra könna. Wie der am Klavier sein Meggel nogschlaga hat, hat'r tatsächlich selber seine Engela singa höra könna.

Sie wellet sich also mit Gwalt der schöna weihnachtlicha Schtimmung entgegaschtella?

So sieht's aus! Sieba Mol am Dag Glögglesgebimmel mit Spekulazius und alkoholfreiem Glühwei hält doch au koi Mensch aus! Uns haut's alle scho längscht dr Bluatdruck obanaus und obends könnet mir vor lauter „Stille Nacht" in de Ohra nimme recht schloofa.

Also, wenn mr des so sieht, dann will i Sie jetzt au net länger schtöra und mei Interview beenda.

Oh, froget Se ruhich so viel Se wellet. Heit isch vollends alles egal.

Wieso jetzt des? Schtört Sie des net au, wenn zu alle ondre au no ebber von dr Zeitung kommt und an Bericht über die schöne Adventszeit im Altaheim schreiba will?

Ach wisset Se, vorückter wie heit kann's nimme werda. Wo heit Morga d'Heimleiterin als Knecht Ruprecht hat komma wella, isch se im Uffzug schtecka blieba, weil mir d'Schtarkschtromleitung abzwickt hent. Dr Schualchor hat uns am halber neine mit Voschtärkerolag vom Hof aus mit Tschingelbälls volldröhnt, dr Nikolaus vom CDU-Frauavoband hat sich vom Dach abgseilt und isch in dr Gymnaschtikraum eibrocha und glei druff von dr Bolizei vohaftet worda. Zwei als Elch vokleidete Grundschualkinder hent mir im Tierheim abgeba müassa, am Küchapersonal hent mr mit ma kloina Feueralarm dr Weihnachtspunsch vowässert, beim Weihnachtsliederpotpourri vom Musikvoroi hent se uns zur Zwangsbeschallung an unsre Schtüahl gfesselt und...

Um Gottes willa, höret Se uff! Des grenzt jo scho fascht an Weihnachtsterror!

Genau! Jetzt sehet Se selber! Sie sind dr Oinzigschte, wo heit nix vorsinga, nix vorschpiela, nix votraga, vortanza, ausschmücka oder uns sonscht irgendwie beglücka und mit Gwalt zur weihnachtlicha Besinnung bringa will.

Ach was?

Ja, dr Oinzigschte, wo uns Alte au mol selber zu Wort komma lässt und deshalb könnet Sie au ruhich schreiba:

> *„Im Altaheim, do brennt die Luft,*
> *do schteigt dr Phönix aus dr Gruft,*
> *do gibt's Besinnung Schlag uff Schlag –*
> *wohl dem, der's überleba mag!"*

s'hat alles sei Zeit

Die Jahre, die eilet mit riesige Schritt,
mr kann's net voheba und jeder saut mit.

Derfsch so viel erleba,
die Welt isch so weit,
derfsch nehma und geba –
s'hat alles sei Zeit.

Was war, isch vorüber,
s'vogeht Schtück um Schtück –
s'hat alles sei Zeit und nix kommt zurück.

Ob Lacha, ob Heula
derfsch nie lang voweila,
ob Liebe, ob Schtreit –
s'hat alles sei Zeit.

Wer Glück hat im Leba,
der hat offne Sinn,
kann alles begreifa
und schpürt in sich drin
a ganz große Liebe,
a ganz große Freid,
a ganz großes Schtauna
und viel Dankbarkeit.

Und was machsch dr Sorga,
zerbrichsch dr dein Kopf,
denksch bloß no an morga
und holsch dir an Kropf.

Nimm alles wie's kommt,
ob dr's passt oder frommt,
ob dr's hilft, ob de's ploogt
wirsch vorher net gfrogt.
Aber sei schtets bereit –
s'hat alles sei Zeit.

Deine Johr werdet gwoga,
die werdet net zählt
und drum isch so wichtich,
dass koi Schtündle dir fehlt.

Dr Herrgott duad's lenka,
muasch net alles bedenka.
Ob Licht oder Schatta,
ob Freid oder Leid,
von Ofang bis Ende
liegt's in seine Hände –

s'hat alles sei Zeit.

* * *

*„Hab Gott im Herza und a Mädle im Arm –
s'oine macht selich und s'onder gibt warm."*

Bisher erschienen:

dr Schwobaseckel Band 1	ISBN 3-9806999-1-9
dr Schwobaseckel Band 2	ISBN 3-9806999-0-0
dr Schwobaseckel Band 3	ISBN 3-9806999-2-7
Rotzböbbela	ISBN 3-9806999-3-5
Saitawürschtla	ISBN 3-9806999-4-3
Betthupferla	ISBN 3-9806999-5-1
Gedanka-Breggela	ISBN 3-9806999-6-X
auf dr Sau naus!	ISBN 3-9806999-7-8
Schwäbische Sketch-Parade	ISBN 3-9806999-8-6
no nix Narret's!	ISBN 3-9806999-9-4
kloine Wunder – Bildband	ISBN 978-3-9811-4950-0
kleine Wunder – Bildband hochdeutsche Ausgabe	ISBN 978-3-9811-4951-7
boggelhart und windelweich	ISBN 978-3-9811-4952-4
guat gmoint und saudumm gloffa	ISBN 978-3-9811-4953-1
Der große ‚Schwobaseckel'	ISBN 978-3-9811-4954-8
Schwäbische Volltreffer Hörbuch-CD	ISBN 978-3-9811-4955-5

i glaub, s'geht los!   ISBN 978-3-9811-4956-2

wenn scho blöd –
dann gscheit!   ISBN 978-3-9811-4957-9

weil du mei Liabschtes bisch!
Bild/Geschenkband   ISBN 978-3-9811-4958-6

von Halbdackel
und andere Viecher   ISBN 978-3-9811-4959-3

des derf doch net wohr sei! ISBN 978-3-9815-9630-4

Weitere Titel in Vorbereitung...

Zu erhalten im Buchhandel oder direkt beim
Verlag Albeck, Kirchgasse 14, 74223 Flein

* * *

Tauchen Sie auch gerne auf unserer Internetseite *www.saitenwurscht.de* in die große Auswahl unseres Angebotes ein. Dort können Sie alle unsere Bücher auch direkt in unserem *online-shop* bestellen.

Herzlich willkommen!